RÉSUMÉ

DE L'HISTOIRE

D'ANGLETERRE,

PAR FÉLIX BODIN.

QUATRIÈME ÉDITION, CORRIGÉE.

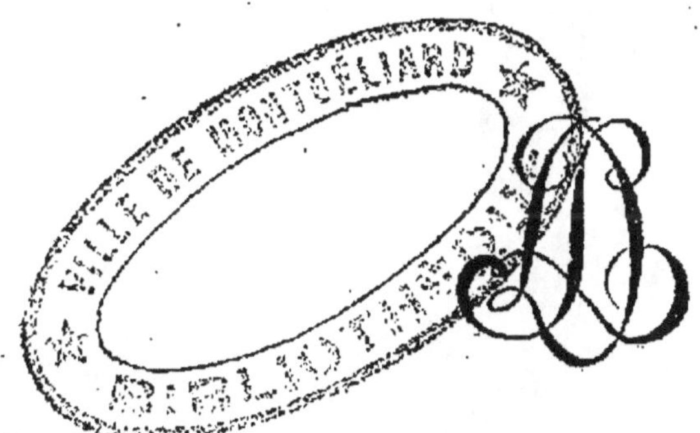

PARIS,

LECOINTE ET DUREY, LIBRAIRES,

QUAI DES AUGUSTINS, N° 49.

1825.

RÉSUMÉ

DE L'HISTOIRE

D'ANGLETERRE.

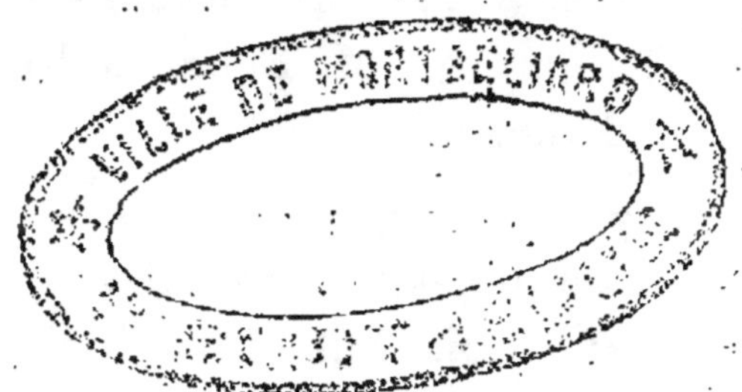

———

PARIS, IMPRIMERIE DE COSSON, RUE GARANCIÈRE.

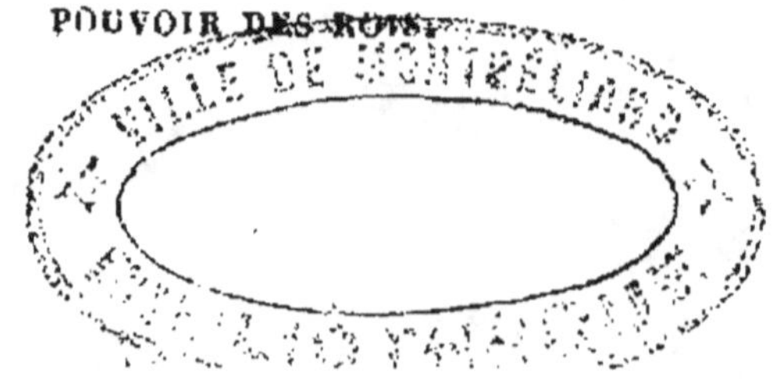

LES GRANDS S'UNISSANT AU PEUPLE POUR LIMITER LE
POUVOIR DES ROIS.

TABLE

CHRONOLOGIQUE ET ANALYTIQUE

DE L'HISTOIRE

D'ANGLETERRE.

Un livre bien divisé est déjà à moitié lu quand on a parcouru la table. Ceci est vrai, surtout en histoire : aussi ai-je pris à tâche de faire les meilleures divisions qu'il m'a été possible.

La première partie pourrait se subdiviser, car j'y ai compris tout le temps qui s'est écoulé depuis les premières notions historiques qui nous sont transmises sur les habitans de la Grande-Bretagne, jusqu'à l'accession des Stuarts, c'est-à-dire jusqu'à la révolution. La conquête des Romains, celle des Anglo-Saxons et l'Heptarchie, forment deux périodes distinctes. L'unité anglo-saxonne établie par Egbert et luttant contre de nouvelles invasions de Saxons originels, Normands ou Danois, remplit une troisième période. La religion, ou plutôt les grossières superstitions qui l'avaient défigurée, avaient servi de rempart à la population conquise contre la férocité des conquérans, et conservé quelques restes de la société romaine. Mais bientôt, de tutélaire qu'il était, ce moyen était devenu agresseur. Le clergé parvint à réduire les vainqueurs sous sa domination comme les vaincus. La puissance des moines, succédant à celle des évêques, rendit ce joug plus pesant. Les races anglo-saxonnes, devenues pacifiques sous le gouvernement sacerdotal, furent souvent vaincues par les hordes belliqueuses et idolâtres qui sortaient de leur pays originaire, de la grande *fabrique du genre humain*. Il arriva qu'un essaim de cette même race de barbares, s'étant établi d'abord en France, s'y perfectionna dans la guerre, et, se présentant en Angleterre avec la supériorité de l'armure, la conquit en entier. Ici commence une quatrième période. L'établissement de la féodalité, plus centrale, plus forte qu'en France, parce que c'était un système connu qu'on appliquait sur un plan uniforme ; la résistance des vaincus contre les conquérans, celle des conquérans contre leur royauté qui les apaisa avec des chartes, celle du clergé appuyé par le pape contre l'autorité laïque ; l'union de toutes ces résistances contre la royauté à laquelle elles arrachèrent d'abord la grande charte, puis la représentation (1), remplissent cette période, durant laquelle la féodalité anglaise, fortifiée par l'union du peuple qui lui votait des subsides, devint conquérante. Les armées permanentes renforcent la puissance royale ; les grands en contestent l'exercice aux rois ; les princes, à la tête des factions, leur disputent le trône ; et des guerres intestines ensanglantent long-temps l'Angleterre. Cinquième pé-

---

(1) On peut trouver des vues générales sur les Saxons, l'établissement de la féodalité par les Normands, l'histoire des chartes, la formation du parlement anglais et la marche de l'état social au moyen âge, dans les *Etudes historiques et politiques sur les assemblées représentatives.* (Cours d'histoire fait à l'Athénée en 1822-1823.)

riode, qui comprend la fin de la première branche normande et les branches de Lancastre et d'York. Cependant le gouvernement féodal est tombé en ruine; la royauté, en présence d'une aristocratie déchue, et d'un peuple récemment affranchi, devient aisément despotique. Sixième période, qui comprend la durée de la race des Tudors.

La seconde partie pourrait s'analyser aussi. On verrait d'abord la résistance parlementaire, sous les deux premiers Stuarts, s'unir à la résistance religieuse préparée par les disputes théologiques sous les Tudors. La république, le despotisme, la restauration, sa marche rétrograde, sa chute, sont autant de périodes de la révolution.

L'acte de succession, l'acte du cens électoral, la septennalité, la vénalité parlementaire, nous offrent les principaux pas du gouvernement représentatif, qui tend, comme tous les gouvernemens, à se concentrer en despotisme, et qui marche, comme toutes les choses de ce monde, à la corruption de son principe vital, jusqu'à ce que ce principe soit renouvelé.

ij

———

INTRODUCTION.

*De l'Angleterre, du gouvernement repré-
sentatif, et de l'état social des peuples
modernes (1).*

LES peuples, comme les hommes, s'offrent mutuellement les leçons de leur
expérience; et cet échange d'enseigne-
mens est l'une des grandes utilités de
l'histoire. Si un peuple a devancé les
autres peuples dans la carrière constitutionnelle qu'ils sont appelés à parcourir, il est bon que ceux-ci apprennent
comment il y est entré, quelles chances
l'y ont suivi, quelles résistances il a

____

(1) Ce discours, extrait d'un Cours d'histoire fait à l'Athénée en 1822-1823, n'est point
compris dans les *Etudes sur les assemblées
représentatives.*

vaincues, quelles passions l'ont en-traîné, quelle force l'a maintenu.

L'Angleterre présente à l'Europe un grave sujet de méditation : c'est une ré-volution complète avec toutes ses pé-riodes. On y voit comment l'exaltation religieuse s'est unie aux intérêts sociaux pour réclamer la liberté. Aux premières tentatives de réforme et de résistance s'est rattaché l'établissement du gouver-nement représentatif, c'est-à-dire de la puissance de faire des lois exercée par une assemblée, représentant plus ou moins la nation.

On peut observer facilement, dans cette révolution, la lutte et la marche des partis se poussant progressivement au pouvoir, et supplantés tour à tour l'un par l'autre. En suivant cet enchaî-nement de triomphes et de défaites, on voit la violence régner peu long-temps et susciter elle-même la résistance qui la renverse; on remarque aussi la ligue fréquente des partis, même opposés, contre le parti qui domine. Enfin ce ta-bleau instructif nous offre successive-ment l'anarchie et ses convulsions, le despotisme militaire, son énergie et ses prospérités, la restauration, ses préférences et ses faiblesses, la réaction, ses fureurs et ses délires, l'union et la résistance subites des intérêts généraux et l'établissement d'un gouvernement national.

L'histoire de la révolution anglaise est à quelques égards une suite de corollaires. Les peuples qui sont en travail d'une nouvelle organisation politique doivent l'étudier. Mais, lors même que cette considération serait vaine, nous serions portés par la curiosité à rechercher comment est né le gouvernement représentatif, ce système politique qui semble destiné à faire le tour du monde. Pour cela il faut se transporter chez le peuple anglais. C'est là que ce gouvernement, qui est aujourd'hui pour les autres peuples un système, une théorie, une idée, s'est établi comme un fait. Là ses admirables combinaisons ont été produites par celles des élémens de l'ordre social, ses institutions ont été le résultat de la situation des choses, et ses principes sont des antécédens.

Il semble qu'il en soit de la politique comme des sciences et des arts. D'abord le hasard découvre les phénomènes, ou le génie produit les ouvrages; ensuite on recherche les lois physiques, on construit les systèmes, on pose les règles. La pratique précède la théorie; le fait s'établit avant qu'on examine, qu'on constate le droit.

On a beaucoup écrit sur l'origine du gouvernement représentatif. Montesquieu prétend la trouver dans les forêts de la Germanie. D'autres l'ont placée uniquement dans le régime féodal. Ceux-ci l'ont cherchée dans la constitution de l'église et dans les conciles; ceux-là ont remonté jusqu'à l'administration romaine. Lesquels ont raison? Je n'entreprends point ici de le décider; mais puisque le gouvernement représentatif est essentiellement juste et dans la nature des choses, il était inévitable qu'à toutes les époques et chez tous les peuples, il s'en montrât quelques essais, quelques simulacres. La société étant la mise en commun des intérêts de tous, le gouvernement étant la gestion de ces intérêts, il est naturel qu'une plus ou moins grande partie des intéressés participe à cette gestion. Partout, même sous les despotismes les plus absolus, vous trouverez quelques formes de conseils destinés à manifester des vœux au pouvoir ou à résister à ses volontés. Chez les Turcs, ce seront des ulémas, en Chine des mandarins, dans un pays des prêtres, dans l'autre des militaires, ailleurs des juges; mais il s'agit de savoir où nous trouverons l'organisation sociale dans laquelle le plus grand nombre de membres de la société prenne part à la gestion des intérêts communs.

Laissons de côté le servile Orient, où les croyances ont toujours plus dominé que les intérêts; le pouvoir absolu n'a jamais cessé d'y être un dogme, et les prêtres s'en sont faits les ministres.

Les républiques de l'antiquité, qui remplacèrent de petites monarchies patriarcales, c'est-à-dire des rois simplement plus riches propriétaires que leurs sujets, nous offrent la participation d'un assez grand nombre d'individus à la discussion et à la gestion des affaires. Elles nous séduisent par leur éclat, leur gloire et l'apparence d'une liberté généreuse. Notre littérature est pleine de leurs souvenirs, et nous sommes fascinés dès l'enfance par la pompe de leurs noms, les actions de leurs grands hommes, leur enthousiasme patriotique. Cependant, pourquoi ne prenons-nous pas garde que c'étaient de véritables aristocraties, dans lesquelles les citoyens formaient la noblesse, et les esclaves le peuple? On ne fait pas attention que toute la portion laborieuse de ces nations était comptée pour rien dans l'état, placée dans le commerce des biens mobiliers et assimilée aux animaux domestiques; que ces esclaves, qu'on pouvait mutiler ou tuer comme sa chose, étaient avec leurs maîtres dans la proportion de dix ou vingt contre un. On oublie que ces citoyens, si fiers d'une liberté et d'une égalité qui n'existaient que pour eux, ne se livraient à aucun travail qu'à celui des affaires de l'état, et que s'ils se réservaient à eux seuls les exercices et les dangers de la guerre, c'était sans doute, en partie, pour ne point donner à leurs esclaves, en leur mettant les armes à la main, le moyen de briser leurs fers. Dans l'état actuel de nos idées et de nos habitudes classiques, celui-là se couvrirait de ridicule qui oserait dire que les Spartiates des Thermopyles n'étaient autre chose que trois cents gentilshommes nommés citoyens, pour lesquels trois mille pauvres paysans ou serfs de la glèbe, nommés Ilotes, traînaient la charrue sous le fouet et l'aiguillon : cependant il ne dirait que la pure vérité. Mais nous n'aimons pas à nous désenchanter de certaines illusions. Respectons cette prévention puisqu'elle a quelque chose de noble ; s'il est un préjugé qui mérite des égards, certes c'est celui qui est entouré des prestiges de la gloire et de la vertu.

Si nous ne tenons aucun compte de cette monstrueuse inégalité qui constituait l'état social des anciens, il est certain que nous trouverons, dans leurs démocraties, la participation du plus grand nombre possible d'individus aux affaires publiques. Ainsi, en ne considérant pas les esclaves comme des hommes, nous reconnaîtrons une immense liberté dans les états populaires de la Grèce et de l'Italie, et dans Rome à l'époque de la puissance tribunitienne. Nous en trouverons aussi dans l'organisation municipale des provinces romaines, et dans quelques républiques des peuples celtes. Mais l'existence de l'esclavage doit être aux yeux des philanthropes un sceau de réprobation pour les sociétés anciennes : c'est le caractère principal qui les distingue d'avec les nôtres. Dans celles-là le travail de l'homme est dépendant, immobilisé entre les mains de quelques propriétaires ; dans celles-ci l'homme travaille pour lui-même, suivant son goût, là où il veut, et comme il contribue directement à accroître la richesse publique ou à soutenir les charges de l'état, il a dans l'état une importance proportionnée. Tel est le principe politique : nous en trouvons l'application dans l'histoire de tous les peuples. Voilà pourquoi l'abolition de l'esclavage est peut-être le plus grand événement, la révolution la plus mémorable que renferment les fastes de la race européenne; c'est le fait auquel remonte la civilisation moderne, si différente de celle des peuples de l'antiquité; c'est la base sur laquelle est assis tout notre ordre social.

En effet, parcourons maintenant nos annales. Nous trouverons chez les conquérans qui se sont installés sur les ruines de l'empire romain, des aristocraties d'hommes libres, ou, si l'on veut, des démocraties militaires dans lesquelles les esclaves, voués à la culture de la terre, comptent pour peu. Les citoyens ou guerriers, tant qu'ils sont réunis en corps d'armée, s'assemblent à certaines époques et votent d'acclamation des lois ou des décrets. Les terres se distribuent aux chefs; la propriété foncière, dans les mains des vainqueurs comme dans celles des vaincus, devient un pouvoir : la féodalité s'établit. L'aristocratie se restreint à un petit nombre d'hommes libres; ils composent seuls les assemblées dites nationales ou les parlemens, si ce n'est qu'on leur adjoint les prélats soit comme seigneurs eux-mêmes, soit comme formant un corps dépositaire d'un peu de lumières; car les lumières sont une puissance comme la richesse, comme la force.

Cependant jusqu'ici, quoi qu'on en ait pu dire, je n'aperçois rien qui réponde entièrement à l'idée que nous nous formons de la représentation, c'est-à-dire de la délégation. Soit que je considère les conseils anglais ou les diètes allemandes, ou les cortès espagnoles, je ne vois partout, jusqu'au treizième siècle, que de grands seigneurs terriens s'assemblant non pas même comme députés de l'aristocratie, mais comme propriétaires de vastes domaines. C'est qu'en effet la possession du territoire était alors la seule influence politique : la féodalité avait tout réduit en services personnels. Ceux qui possédaient le terrain possédant les hommes, eux seuls formaient l'état. Avec un tel système il ne fallait pas d'impôt.

Mais les hommes tenus en domaine,

réunis dans les villes, loin des yeux du maître, s'avisent de travailler et d'amasser pour eux-mêmes. Après avoir créé une nouvelle richesse par leur industrie, ils veulent la conserver en sûreté. De là les communes, qui ne furent autre chose qu'une insurrection d'esclaves voulant défendre leur pécule, insurrection qui produisit des villes libres en Allemagne, des républiques en Suisse et en Italie. Les croisades avaient exigé de grandes sommes : on avait levé des décimes ou dîmes sur les seigneurs, et même sur le clergé, pour subvenir aux frais de ces expéditions aventureuses qui portèrent les premières atteintes à la société féodale, en la faisant changer de place, sortir de case. Mais tout n'avait pas été dépensé pour les croisades : les rois s'étaient quelquefois servis de ce prétexte pour avoir de l'argent. Les besoins de dépense s'accrurent avec l'habitude. Les rois s'étaient mal trouvés des services personnels ou de la féodalité; les services réels ou l'impôt étaient plus commodes; ils attiraient tout au centre. Les rois demandèrent de l'argent aux communes : de là les états-généraux, les parlemens, les diètes. Ainsi le gouvernement représentatif est né avec l'impôt : l'énormité de certains budgets prouverait assez cette origine commune. Cependant il ne faut pas en conclure que le gouvernement représentatif ait nécessairement pour résultat d'accroître les impôts : ce serait confondre l'abus avec l'objet. Poursuivons.

La richesse devenait alors une puissance formidable qui devait supplanter avec le temps la force armée ou la féodalité. L'argent étant une propriété essentiellement mobile, il est impossible de le concentrer comme la terre dans la possession d'un petit nombre. La couronne et l'aristocratie eurent beau soutirer celui de la bourgeoisie par l'impôt et les exactions, la bourgeoisie le regagna toujours par le travail, l'économie et le commerce : elle devint nécessairement une classe importante dans l'état. L'impôt fut un nouveau moyen d'alliance entre elle et les rois. Quand les affranchissemens s'étendirent dans

les campagnes, en France, par exemple,
la bourgeoisie s'accrut en nombre et
en force. D'abord les communes seules
étaient représentées aux états ; alors
les bailliages nommèrent des députés.
Quelque imparfait que fût le système
d'élection, il y avait élection ; dès lors
il y avait du gouvernement représentatif. En effet l'élection, faite par les intéressés, de mandataires qui discutent
les intérêts, est son principe fonda-
mental. Il y a plus de gouvernement
représentatif dans le plus petit conseil
municipal nommé par les habitans d'un
village, que dans la plus magnifique
diète de grands seigneurs terriens.

Il est donc clair qu'il ne faut placer
l'origine de ce gouvernement qu'à l'é-
poque où l'élément populaire fut compté
pour quelque chose dans l'état, et appelé aux assemblées politiques. Cependant les attributions de ces assemblées
étaient encore bien bornées ; on leur
demandait de l'argent, qu'elles accordaient en s'inclinant, et on leur per-
mettait de faire entendre des soupirs et
des vœux. Plaintes et subsides se tien-

nent par la main : ce vieil axiome ren-
ferme toute la théorie de cette première
époque des assemblées représentatives.
Nos états, sous le roi Jean, allèrent
plus loin : ils donnèrent des ordres en
consentant les subsides. Mais la volonté
nationale n'eut qu'un règne d'un moment; l'union du trône et de l'aristocratie la comprimèrent aussitôt. Au dix-
septième siècle, le parlement anglais ,
après s'être insurgé contre la royauté,
a fini par s'unir avec elle; il la paie, la
soutient, et n'a affaire qu'à ses agens
responsables ; il administre et gouverne
presque sans la gêner ; il fait des lois
qu'elle accepte : voilà le gouvernement
représentatif.

Je ne prétends pas dire que ce gouvernement soit parfait en Angleterre;
il ne l'est pas et ne doit pas l'être. En
effet, il n'a pas été construit à neuf et
tout d'ensemble, d'après un plan tracé
par la science et l'expérience législa-
tives; il est l'ouvrage du temps. Né de
la féodalité, il l'a respectée en fils in-
dulgent : il est loin de l'avoir détruite
en entier. On en trouve des traces dans

ses lois, dans ses institutions. Elle pré-
side encore en grande partie à ses in-
complètes et bizarres élections, qui
ne constituent pas à beaucoup près
une représentation vraiment nationale.
Cependant l'ensemble des institutions
anglaises et les beaux droits du parlement renferment les principales garanties qui puissent assurer la liberté des
citoyens et la prospérité de la nation.
L'un des grands avantages de l'Angleterre est d'avoir une administration essentiellement municipale et économi-
que, qui s'exerce sous l'autorité et sous
la surveillance immédiate d'une assemblée délibérante.

L'Angleterre a eu une révolution de
liberté et non une révolution d'égalité
comme la nôtre, parce qu'aux époques
où s'est établi son gouvernement actuel,
la société n'avait pas, comme en France
au dix-huitième siècle, été nivelée à la
fois par le pouvoir absolu, par l'argent
et par les idées. L'aristocratie et les
corporations étaient pleines de force et
d'union, tandis que chez nous les liens
de ces anciens faisceaux qui formaient

la société étaient brisés en partie par la
compression, ou détendus par la vé-
tusté, et laissaient les individus pêle-
mêle ; enfin la révolution des mœurs,
avant-coureur infaillible d'une révolution politique, était commencée, et
l'égalité qui s'introduisait dans la société
n'avait plus qu'à passer dans les lois.
Les révolutions qui ont échoué en Espagne, en Portugal et en Italie, sont de
cette dernière sorte : les mœurs et les
idées les avaient préparées en rappro-
chant la classe supérieure des classes
intermédiaires. L'Angleterre aura-t-elle
aussi la sienne ? C'est la question de
la réforme parlementaire : elle mérite
d'être traitée à part.

Il est une troisième sorte de révolution qui joue un grand rôle dans le
siècle présent et qui contient le germe
d'immenses résultats pour l'avenir ; c'est
la révolution coloniale. Elle ouvre au
Nouveau-Monde une carrière incom-
mensurable de grandeur et de prospérité, et donne à la liberté les plus vastes
domaines qu'elle ait possédés jamais. Qui
peut calculer à quel degré de puissance

et de richesse arriveront les nouveaux états américains, avec l'expérience et les idées acquises au prix de tant de déchiremens par la vieille Europe, sans les antécédens de ses sociétés ? La séparation d'une colonie de sa métropole est toute naturelle, surtout lorsque cette colonie, loin de retirer aucun avantage de sa dépendance, est exploitée par la mère patrie comme une ferme, et se sent assez forte pour s'affranchir de redevances vexatoires. Mais ce qui est remarquable, c'est de voir la liberté s'établir sur une étendue de territoire que Montesquieu n'avait cru pouvoir être régie que par le despotisme. Il sera utile de rechercher la raison sur laquelle est fondé ce démenti donné à notre publiciste, et peut-être est-il réservé aussi à l'ancien monde de renverser son système désespérant pour les vastes états.

En colonisant l'Amérique, les peuples européens y ont porté leur génie actif, leur caractère indépendant, leur esprit inquiet, leurs mœurs plus libres que leurs institutions; mais ils n'y ont

pas porté leur état social, ou du moins il
s'est modifié en se déplaçant. Des terri-
toires immenses s'offrirent à eux ; ils s'y
répandirent, et l'égalité les suivit. Mais
quelle égalité ? Celle des peuples anciens, celle des nations germaines,
celle qui existe entre des maîtres : en
effet ils avaient des esclaves. Cette égalité était inévitable. Quand une race
conquérante s'établit dans un pays
lointain, les distinctions qui existaient
chez elle disparaissent. Appartenir à la
race, être un homme de la race, donne
à chaque individu une importance devant laquelle les supériorités antérieures
s'effacent. Tel est le fait qui caractérise
les sociétés coloniales. La révolution
d'égalité dans la race conquérante s'est
opérée avec la colonisation. Reste la
révolution de liberté : l'affranchissement de la dépendance de la métropole
en est la première période ; l'application
de théories politiques fondées sur l'expérience européenne, et qui se présen-
tent toutes faites dans nos livres, en
est le complément. L'histoire des États
Unis se trouve à peu près là ; l'Améri-

que-sud nous offre la même progression, le même résultat. Mais tant que l'esclavage existera au Nouveau-Monde, le philanthrope aura droit d'y juger la liberté incomplète. Espérons que l'abolition de cette institution barbare s'achèvera peu à peu, grâce au zèle éclairé des législateurs américains. Alors la liberté du Nouveau-Monde, lavée d'une souillure odieuse, sera digne de toute l'admiration de notre vieil hémisphère.

Quand l'Angleterre serait considérée seulement comme la mère-patrie de ce peuple qui fut si sage et qui devient si fort, qui nous montre l'heureuse application de systèmes qu'on a condamnés comme impraticables, qui a donné le premier signal de l'indépendance à toutes les colonies répandues sur le continent qu'il habite ; de ce peuple que nous aidâmes dans son émancipation, et qui nous donna en échange de nos secours le spectacle et l'envie d'une liberté sage et réelle, ne serait-ce pas assez pour accorder un vif intérêt à la vieille Albion ?

Un dernier motif m'a dirigé. La France

doit connaître l'Angleterre sinon comme son modèle, du moins comme sa rivale. Une haine mutuelle, née de la confusion des souverainetés féodales, animée par les rapports de voisinage et par une émulation égale de puissance et de suprématie, unit pendant plusieurs siècles l'histoire de ces deux nations. Cette haine, sans doute, a été fondée en grande partie sur l'estime qu'elles étaient forcées de s'accorder l'une à l'autre (1). Espérons que le temps viendra où leur estime réciproque devenant mieux sentie et plus profonde, la haine s'évanouira et les avantages de l'union seront compris de tous. On finira par se pénétrer de cette vérité, que les peuples civilisés ne sont guère disposés à se haïr, et que ce sont les gouvernemens qui, le plus souvent, les excitent à la haine ou rappellent d'anciens ressentimens pour ser-

---

(1) Blood hath bought blood, and blows have answer'd
    blows;
   Strength match'd with strength, and power con-
    fronted power;
  Both are alike; and both alike we like.
             SHAKSPEARE, *King Iohn.*

vir les desseins de leur politique. L'industrie et le commerce créent dans tous
les pays éclairés une nation essentiellement cosmopolite et amie de la paix qui
lui est indispensable. Plus cette nation
laborieuse et utile se multipliera, plus
la nation paresseuse et nuisible de ceux
qui sans rien produire dévorent la substance des peuples diminuera; moins
nous serons éloignés de la réalisation
de ce beau projet de paix et de con-
corde, qui est une chimère, mais une
chimère utile, puisqu'il donne un but
moral à la politique.

PREMIÈRE PARTIE.

INVASIONS. FÉODALITÉ. RÉVOLUTION RELIGIEUSE.

Celtes ou Bretons, Romains, Pictes, Saxons, Angles, Danois. Heptarchie. Egbert. Puissance du clergé.

Lorsque Jules-César fit une invasion dans la Grande-Bretagne, cette île, que les Romains nommèrent aussi Albion, était habitée par un peuple d'origine celtique, dont les mœurs avaient beaucoup d'analogie avec celles des Gaulois. Conquise en entier sous l'empereur Claude, elle s'insurgea et fut soumise, l'an 78 de notre ère, par Agricola, ce Romain que loua Tacite. Les Bretons s'accoutumèrent au joug des maîtres du monde sous l'administration paternelle de ce héros, qui était vertueux et respecté dans une cour servile et corrompue. Mais quand la puissance romaine commença de déchoir, les Pictes et les Calédoniens, qui habitaient l'Écosse, franchirent la muraille qu'Agricola avait élevée sur les confins de l'Angleterre. Les Romains, dont le vaste empire était menacé de toutes parts, évacuèrent cette province, qu'ils avaient occupée près de quatre siècles, et abandonnèrent 447. les Bretons à eux-mêmes. Le christianisme s'était répandu chez ceux-ci depuis long-temps; des disputes théologiques et l'hérésie de Pélage les divisaient. Les Pictes revinrent plusieurs fois exercer impunément leurs ravages. Les vaisseaux des Saxons abordèrent alors.

Ce peuple du nord de l'Allemagne était féroce et belliqueux. Comme toutes les nations germaines, il délibérait dans les camps, était fidèle à ses chefs, négligeait les terres, élevait des troupeaux, et vivait en nomade. Ayant d'abord vaincu et chassé les Pictes, sous ses chefs Hengist et Horsa, il assujétit les

Bretons, qui, après avoir montré de la résistance et une impatiente soumission, se réfugièrent en partie dans l'Armorique. Cette province de France a reçu de là le nom de Bretagne. De nouvelles hordes de Germains, entre autres les *Angles* ou Anglais, débarquèrent après les Saxons, et s'établirent dans diverses parties de l'île, malgré les prouesses du roi Arthur, fameux dans les romans. Les Saxons pénétrèrent jusqu'en Écosse. Presque partout ils anéantirent les indigènes. Sept royaumes saxons s'élevèrent dans la Grande-Bretagne : c'est ce qu'on nomme l'Heptarchie.

Il est inutile de s'occuper de tous les rois de cette époque : l'histoire n'offre ici qu'un tissu inextricable de guerres, de divisions, d'alliances, et n'a rien qui fixe l'attention. Ethelbert se rendit, dans le royaume de Kent, redoutable à ses voisins. Edwin régna avec sagesse dans le Northumberland. Ina se signala dans le Wessex par son humanité et sa dévotion ; il n'extermina pas les Bretons comme le faisaient ses pareils : il leur laissa leurs terres. Un jeune prince de sa race, nommé Egbert, fut forcé d'aller chercher un asile à la cour de Charlemagne. Là il acquit un peu d'instruction et apprit la guerre. Rappelé par des troubles dans son pays, il y prit la couronne, profita des discordes des rois saxons ou de l'extinction de quelques dynasties ; et, soit par les armes, soit par les traités, il réunit sous son sceptre les divers états, qui reçurent de l'un des peuples conquérans le nom d'*Angleterre*.

827.

Les mœurs des Saxons de cette époque étaient grossières comme celles de nos Francs sous les Mérovingiens : même superstition, même soumission au clergé. La manière dont ils embrassèrent le christianisme est remarquable. Trois femmes contribuèrent beaucoup à leur conversion ; la reine Berthe, fille d'un roi de Paris, était l'une d'elles. Mais ils quittaient quelquefois la religion aussi facilement qu'ils l'adoptaient.

Un roi idolâtre se faisait chrétien pour plaire à sa femme, et tout son peuple l'imitait. Ces barbares accordaient un grand empire sur eux à un sexe qu'ils croyaient doué d'une raison supérieure et d'une imagination prophétique.

La taxe d'un denier sur chaque maison, nommée le *denier de Saint-Pierre*, et qui fut perçue long-temps pour le siége de Rome, s'établit dès lors. Cependant l'autorité du pape était purement spirituelle; mais les églises commençaient à s'exempter de tout tribut envers l'autorité laïque.

Nouvelles invasions. Alfred-le-Grand.
Ses institutions.

Les Saxons, que Charlemagne avait entrepris de convertir par la force, s'étaient en partie retirés dans le Danemarck. Là ils s'unirent à d'autres *hommes du Nord*, et firent plusieurs descentes sur les côtes de France, puis sur celles d'Angleterre. Egbert les vainquit deux fois, mais en vain, en bataille 832. rangée. Sous Ethelwolf, son successeur, ils abordèrent avec trois cent cinquante 837. voiles, pénétrèrent dans l'intérieur, brûlèrent Londres et Cantorbéry, et furent encore vaincus par le roi en personne, mais non découragés. Ce roi était dévot et faible comme notre Louis-le-Débonnaire; comme lui, il donna une partie de son royaume à un fils qui se révolta, et auquel il céda. Il fit un pèlerinage à Rome, et laissa le clergé 855. établir la dîme, impôt sacerdotal qu'on avait découvert dans la loi des Hébreux, et qui venait d'être mis en vigueur en France. En Angleterre, comme chez nous, c'était alors l'époque de puissance et de richesse du clergé. Les *Normands* ou Danois continuèrent leurs 858. ravages sous Ethelbald et Ethelbert, 866. fils du roi précédent. Ethelred, leur frère, régna après eux, et vainquit souvent les Danois, qui recommençaient toujours leurs pillages; mais il était dévot au point qu'un jour étant à l'église, il refusa d'aller au secours de son frère en danger, avant d'avoir entendu la fin de la messe. L'Angleterre avait besoin d'un grand homme.

871. Le cinquième fils d'Ethelwolf avait vingt-deux ans lorsqu'il fut roi; c'était Alfred. Les poésies saxones avaient al-

lumé son génie. Il avait étudié les lettres latines autant du moins qu'on le
pouvait de son temps, et il avait fait le
voyage de Rome. Son ambition eût été
d'être un sage dans la vie privée. Roi,
il fut obligé d'être un héros. Les Danois,
violant tous les traités qu'on avait la
faiblesse de faire avec eux, continuaient
leurs brigandages. Alfred les vainquit
huit fois dans un an, et leur permit de 875.
s'établir en Angleterre. Les perfides barbares appelèrent des renforts de leur
pays natal; les Anglo-Saxons se décou-
ragèrent. Alfred, abandonné, se retira
chez un pâtre, y vécut inconnu en tra-
vaillant comme un esclave; puis, ayant
réuni quelques partisans, il se cantonna
dans un marais, d'où il inquiéta long-
temps les Danois. Un jour il apprend
qu'un chef anglais a obtenu sur eux
quelque avantage. Son espoir renaît :
déguisé en barde, une harpe à la main,
il pénètre dans leur camp et les ob-
serve. Alors il rassemble les siens,
auxquels il se découvre; il bat les en- 880.
nemis, les reçoit à merci, leur per-
suade de se faire chrétiens et leur assi-

gne un établissement dans le nord de l'Angleterre, en ayant soin de les rendre agriculteurs. Une égalité parfaite fut prescrite entre les anciens et les nouveaux habitans. Ceux-ci cessèrent d'être brigands, parce qu'ils eurent des terres cultivées, qu'ils défendirent contre leurs pareils.

893. Cependant le fameux pirate Hastings, l'Attila de ces temps, après avoir pillé le midi de l'Europe, vint fondre sur l'Angleterre. Le naturel féroce des Danois établis-se réveilla : ils s'insurgèrent, et secondèrent l'attaque de leurs compatriotes. Alfred les mit en fuite, tailla en pièces l'armée d'Hastings, battit successivement toutes les bandes qui reparurent, fit pendre les prisonniers faits sur ces ennemis de l'étal social, et restaura la paix.

Ces guerres avaient mis l'Angleterre dans un état déplorable. Alfred rétablit l'ordre. Il divisa le royaume en comtés, ceux-ci en *hundreds* ou centaines de feux, les hundreds en *tythings* ou dizaines. La société même était chargée de sa police. Le père de famille répondait de la conduite de ses enfans, de ses esclaves, de ses hôtes même. Le tything était garant de celle des maîtres de feux, et le hundred, de la tranquillité des tythings. Cette organisation, peut-être antérieure, obligeait tous les individus à une surveillance réciproque comme à Sparte. Douze hommes libres ténanciers jugeaient les crimes commis dans le hundred. On voit là l'origine du jury : toujours en est-ce l'image, qui se retrouve long-temps avant dans nos lois germaines et carlovingiennes. Les *shires* ou comtés avaient, deux fois l'an, leurs assemblées de propriétaires, présidées comme en France par l'évêque et par l'*alderman* ou comte, qui était chef de la milice et magistrat civil. Alfred lui adjoignit un *shériff*, alors officier fiscal. Un corps de lois sages fut coordonné ou rédigé. La justice fut surveillée, le brigandage réprimé, la milice organisée. Cent trente galères protégèrent les côtes. Alfred songea aussi à éclairer le peuple ; il appela des lettrés ou clercs de divers pays, releva l'école épiscopale d'Oxford, et voulut que les dignités fussent accordées au mérite. Il favorisa l'agriculture, la navigation et le commerce, fit rebâtir toutes les villes et églises ruinées, et trouva le temps de faire des vers, des fables, et de traduire des livres en saxon. Il mourut à cinquante-deux ans, après avoir fait tant de choses en si peu de temps. Alfred fut un prodige dans ce siècle barbare : il va de pair avec les plus grands hommes de Rome et de la Grèce. Il est à l'Angleterre ce qu'est Charlemagne à la France, et il est peut-être supérieur. Il est vrai que Charles vint avant lui et lui servit de modèle. Mais aucune tache ne souille la gloire d'Alfred.

Puissance des moines. Dunstan. Guerres et massacres. Rois danois.

Les successeurs d'Alfred laissaient dépérir son ouvrage, comme le firent ceux de Charlemagne. Cela arrive infailliblement aux grands hommes qui voient et qui font mieux que leur siècle. L'esprit dominant de celui-ci était la guerre de pillage ; les institutions d'Alfred, dignes d'un meilleur temps, étaient favorables à la paix et à la propriété : elles ne purent résister à cet esprit.

Les Danois établis se soulevèrent sans cesse, et firent dans le royaume des incursions qu'Edouard l'ancien, fils d'Alfred, réprima les armes à la main. Ce roi était guerrier. Sa sœur Ethelflede le suppléait utilement dans les soins du gouvernement. Athelstan, fils naturel et successeur d'Édouard, vainquit aussi les Danois et même les Écossais, qui les appuyaient ; ce roi favorisa le négoce maritime et mit au rang des nobles ceux qui avaient fait deux voyages de mer. Edmond son frère remporta de nouvelles victoires sur les Danois du Northumberland, et les soumit au christianisme, qu'ils reprenaient et quittaient au besoin.

Mais laissons de côté les guerres des Danois, qui recommençaient toujours, et parlons d'une nouvelle puissance qui s'élevait alors comme en France. La réforme bénédictine s'étendait en Angleterre. Les moines, en reprenant le célibat et la vie austère qu'ils avaient

quittés, se firent vénérer, et décrièrent
946. les prêtres séculiers. L'abbé Dunstan,
ambitieux intrigant dont on a fait un
saint, s'éleva par ce moyen, s'exerça à
faire des miracles, et gouverna l'Angleterre pendant plusieurs règnes. Il asser-
vit aisément le dévot Edred, auquel il
955. donnait habituellement la discipline. Le
jeune roi Edwy, vivement épris de la
belle Elgive, sa parente au quatrième
degré, l'épousa, et voulut tenir tête aux
moines. Il exila Dunstan, qui lui avait
arraché sa maîtresse; mais un autre tyran mitré, l'archevêque de Cantorbéry,
la fit périr horriblement mutilée. Le
peuple superstitieux se révolte pour
Edgar, frère du roi : celui-ci meurt dépossédé, et Dunstan triomphe.
959.   Edgar se rendit puissant en favorisant les moines aux dépens des prêtres :
c'était l'esprit du temps. Il eut des con-
cubines, il enleva une religieuse. Les
moines, qui avaient damné son frère,
firent de lui un saint. C'est à lui que
l'Angleterre est redevable d'être purgée
975. de loups. Son fils Édouard, dit le *martyr*, prêta son nom à la suite du despo-

tisme de Dunstan, et fut assassiné par une marâtre. Sous le faible Ethelred II, 978. les Danois du dehors, qui, s'étant établis depuis soixante ans en Normandie, avaient cessé leurs désastreux voyages, reparurent. On les renvoya avec de l'or, c'est-à-dire qu'on les attira davantage. Sweyn, de Danemarck, et Olaw, de Norwège, battirent les Anglais et se retirèrent avec de l'or. Sweyn revint encore vendre la paix, et Ethelred épousa la fille du duc des Normands de France, pour avoir un allié qui le soutînt.

Un grand nombre de Danois restaient dans l'île : un jour les Anglais en firent un massacre général. Sweyn revint exercer une vengeance terrible ; tout le royaume lui obéissait lorsqu'il mourut. Ethelred, qui s'était enfui en Normandie, fut rétabli et laissa son fils Edmond II sur le trône. Une révolte 1015. et des trahisons firent prendre deux fois les armes à celui-ci, qui fut réduit à partager le royaume avec le danois Canute, fils de Sweyn. Mais, après sa

mort, Canute se fit déclarer maître de
1017. toute l'Angleterre.

Canute se défit de quelques chefs anglais fidèles à leurs rois, et se fit aimer
ensuite en traitant les Anglais comme
les Danois, sans préférences. Il s'affer-
mit encore mieux en épousant Emma,
veuve d'Éthelred, sœur du duc des
Normands, qui voulait soutenir le parti
des jeunes princes ses neveux. Canute,
qui tenait toujours le Danemarck, conquit la Norwège, châtia le roi d'Écosse,
fonda des monastères, et alla en pèlerinage à Rome. On l'a surnommé le
1036. *Grand.* À sa mort le royaume fut partagé entre Hérald ou Harold, son fils
du premier lit, et Hardicanute, qu'il
1040. avait eu d'Emma. Celui-ci survécut,
exaspéra la nation, fit brûler une ville,
et laissa, en mourant, les Anglais impatiens de secouer le joug danois.

Derniers rois Anglo-Saxons. Conquête de l'Angleterre par les Normands. Mœurs des Saxons.

Deux fils d'Edmond avaient été relé- 1042. gués en Hongrie ; les Anglais se rallièrent à Edouard, fils d'Ethelred. Le puissant duc Godwin, gendre de Canute, lui donna sa fille et l'appui des provinces de son gouvernement ; Edouard fut reconnu des Danois eux-mêmes, qui, sous son régime modéré, se mêlèrent avec les Anglais. Ces deux peuples devaient être bientôt encore mieux confondus dans un même asservissement. Edouard avait vécu réfugié en Normandie ; par reconnaissance, il favorisa les Normands appelés à sa cour. Les Anglais jaloux se révoltèrent sous la conduite de Godwin, qui humilia le roi et mourut. Son fils Harold suivit ses projets ambitieux avec plus d'adresse, et aspira au trône. Le dévot Edouard, qui avait fait vœu de chasteté, n'ayant pas de successeur, donna des espérances à son parent Wilhelm ou Guillaume-le-Bâtard, duc de Normandie. Harold, qui séjourna un peu chez celui-ci, parut se prêter à ses desseins ; mais il gagna les cœurs des Anglais, les irrita contre les Normands, et se rendit l'abord du trône libre, lorsqu'Edouard mourut. Ce roi, surnommé *Saint* et *le confesseur*, fit un corps de lois long-temps chères aux Anglais.

1065.

Harold, à peine arrivé au pouvoir, eut à lutter contre la force qui l'en précipita. Son frère Tosti, duc du Northumberland, ligua contre lui Baudouin de Flandre, Guillaume, et jusqu'au roi de Norwège. Ce fut alors que Guillaume conçut la pensée audacieuse de conquérir l'Angleterre. Le moment était favorable pour lui ; ses Normands passaient pour les premiers hommes d'armes de l'Europe. Il mit l'empereur dans ses intérêts, et il eut la précaution de faire excommunier Harold par le pape. La France morcelée le laissa faire. Soixante mille hommes montèrent sur trois mille barques, et menacèrent Albion. Harold venait de tailler en pièces Tosti et ses alliés, quand les Normands débarquèrent sans éprouver d'obstacles de la flotte anglaise. On lui conseilla de harceler l'ennemi et d'éviter une bataille ; ce qui est le parti le plus sage dans la guerre défensive. Il n'en voulut rien faire. Guillaume, après l'avoir provoqué en vain à un combat singulier, le vainquit dans la fameuse journée 1066. d'Hastings, qui fut suivie de la conquête du royaume. Il est rare qu'une bataille décisive n'ait pas été gagnée par les agresseurs : ils savent que s'ils sont vaincus ils sont exterminés. Ce qui perd l'armée qui combat dans son pays, c'est la sécurité. La petite guerre est le meilleur parti pour un peuple envahi : elle fatigue les conquérans, et le pays fait le reste.

Maintenant, qu'un nouveau peuple va s'établir chez les Anglo-Saxons, voyons quel état de choses il y trouva. Les Saxons avaient alors des mœurs analogues à celles de nos Francs sous la première race. Leur *Wittenagemot*, assemblée de sages, anciens ou seigneurs, dans laquelle les évêques et abbés entraient de droit, décidait des lois et des affaires majeures. Ils ne reconnaissaient pas d'ordre de successibilité au trône, et choisissaient le roi dans la famille royale. Les crimes se punissaient par des peines pécuniaires ou compositions. Dans ce tarif des têtes, celle d'un roi coûtait moins cher que celle d'un archevêque. Le duel, les épreuves ou *Ordeals* étaient aussi en usage chez les Saxons. Mais, comme tous les peuples barbares, ils se rendaient souvent justice eux-mêmes, et ils exerçaient ces vengeances privées qui sont l'état de guerre primitif.

On distinguait trois classes : les *thanes* ou seigneurs, les *keorls* ou fermiers, et les esclaves. Les thanes et tous les tenanciers vivaient dans leurs terres d'une manière patriarcale. Tous les hommes libres faisaient partie de la milice et se plaçaient sous le patronage des nobles. On voit, d'après cela, ce qu'il y avait à faire pour établir en Angleterre la féodalité française. Les Saxons en étaient déjà à la première période de cet état social, né de la supériorité et des priviléges attachés à certaines terres, combinés avec la fidélité militaire des Germains.

Guillaume-le-Conquérant. Etablissement des Normands et de la féodalité en Angleterre.

Le parti qui soutenait le prince Edgar, fils d'Edmond II, fut aisément dissous par l'activité prodigieuse de Guillaume, qui montra d'abord de la modération, mais qui bientôt laissa voir ses intentions despotiques. Pendant un voyage 1067. qu'il fit en Normandie, les Anglais, vexés et humiliés, se soulevèrent; il revint à la hâte, et les dompta encore ainsi que leurs alliés d'Ecosse et de Danemarck. Alors il ne garda plus de ménagemens. Il distribua à ses Normands et Français toutes les terres des seigneurs anglais. La féodalité était l'état civil et politique auquel les Normands étaient accoutumés en France (1). Il était tout simple

____

(1) Je ne répéterai point ici ce que j'ai dit sur ce régime dans le *Résumé de l'histoire de France.* J'y renvoie le lecteur aux pages 17, 21, 34, 44.

de l'établir en Angleterre : c'était, en outre, une excellente organisation pour assurer une conquête et pour accomplir une vaste spoliation de territoire, car c'était la propriété érigée en puissance politique et en force militaire toujours active, toujours subordonnée. C'était enfin le moyen de mettre garnison sur tout le pays, et de conserver une armée disponible en la dispersant. Des châteaux forts s'élevèrent sur différens points. Sept cents grands fiefs ou baronies relevèrent immédiatement de la couronne, et furent donnés aux seuls Normands. Plus de soixante mille arrière-fiefs leur furent soumis ; les thanes anglais obtinrent quelques-uns de ceux-ci. Les terres du clergé lui-même furent assujéties à la loi féodale. Guillaume, en transportant la féodalité, eut soin d'en rattacher fortement toutes les chaînes à son sceptre. Il la construisit à neuf et solidement.

Des Normands supplantèrent les Anglais dans les évêchés ; Lanfranc, émissaire du pape, fut placé au siége de Cantorbéry, et devint par là primat du royaume. Guillaume traita le clergé largement : mais il ne le laissa pas s'ériger en pouvoir temporel. Alors le pape despote Grégoire VII déposait l'empereur, et mettait l'Allemagne en feu pour que le pouvoir laïque cessât de donner l'investiture des bénéfices. Guillaume, sans craindre les foudres de Rome, résista et refusa de rendre hommage de l'Angleterre, tout en accordant 1076. le denier de saint Pierre qui lui était demandé.

Un second soulèvement d'Edgar et des Saxons avait été réprimé. En 1074, les Normands eux-mêmes, impatiens d'un joug auquel l'insubordination féodale ne s'accoutumait pas, s'étaient aussi révoltés; Guillaume avait déjoué leur plan. Son fils Robert, qui voulait 1079. entrer en possession de la Normandie, son héritage futur, osa une quatrième révolte. Ce prince ambitieux blessa son père dans une rencontre sans le connaître, puis se repentit et obtint son pardon. La dernière guerre que soutint Guillaume fut faite contre la France ou plutôt contre le roi d'une portion de la

1087. France. Il y mourut, après avoir donné la Normandie et le Maine à Robert, son fils aîné, et l'Angleterre à Guillaume.

Les Normands étaient passionnés pour la chasse. Guillaume s'empara d'un canton immense et le réduisit en forêt royale. Les églises même n'y furent pas respectées; des peines atroces punirent le meurtre de la moindre bête fauve. Quant à la loi du couvre-feu, qu'on cite ordinairement comme une vexation, ce n'était qu'une mesure de police usitée alors en Normandie, et même en Écosse.

Les Normands répandirent l'usage du français du temps, c'est-à-dire du *roman* : on l'enseigna, on l'employa dans les actes. Ils introduisirent aussi ce qu'on appelait alors le luxe des Français, qui sans doute était bien borné comparé au luxe actuel. Ils se piquaient d'élégance, et affectaient un grand mépris pour les Saxons, plus grossiers qu'eux, et surtout beaucoup plus ivrognes. Au reste, l'intempérance des Anglais était telle que les chroniqueurs du temps la regardent comme la cause de leur asservissement.

Successeurs de Guillaume-le-Conquérant. Factions et guerres.

Robert, comme fils aîné de Guillaume, 1087. prétendait à la couronne ; Guillaume II, dit *le Roux*, son cadet, le gagna de vitesse. Mais les barons, qui possédaient, presque tous, leurs fiefs originaires en Normandie, étaient mécontens de ce que l'Angleterre ne fût pas sous le même sceptre. Un mouvement qu'ils firent en faveur de Robert fut comprimé par le roi, qui, pour se maintenir, se concilia par quelques concessions l'appui des Anglais natifs. Une guerre s'alluma 1090. bientôt entre les deux princes, qui s'unirent ensuite contre Henri, leur frère puîné, et le soumirent.

Cependant le dévot et belliqueux enthousiasme des croisades commençait alors. Robert le partagea ; et, pour subvenir aux frais de son armement, il engagea son apanage de Normandie et de Maine au roi son frère. Le comte de Poitiers fit le même marché avec Guillaume, qui mourut lorsqu'il allait prendre pos- 1099.

session de la Guienne. Des violences, des extorsions, une révolte punie, une querelle avec le primat Anselme, remplissent une partie de ce règne. Ce fut Guillaume II qui établit le *bénéfice de clergie*, en vertu duquel les condamnés à mort obtenaient leur grâce en prouvant qu'ils savaient lire, mérite alors fort rare.

Robert, revenu de la croisade, se reposait en Italie. Le trône d'Angleterre lui fut dérobé de nouveau par Henri Ier son frère. Ce roi prudent et habile commença par donner une charte qui réglait son autorité, supprimait quelques abus et maintenait les lois de saint Edouard. Il rappela Anselme, qui s'était réfugié 1101. à Rome, et dont l'influence sur le peuple était utile à ménager. Il s'en trouva bien, car Robert de retour en Normandie, ayant essayé de gagner les troupes pour se faire déclarer roi, Anselme déjoua le complot. Bientôt, après avoir violé un traité fait avec Robert, Henri vint lui enlever la Normandie, et le tint emprisonné jusqu'à sa mort.
1107. La querelle des investitures était tou-

jours très-animée. Anselme, jaloux du pouvoir ecclésiastique, soutenait les prétentions dés papes et refusait de rendre hommage au roi. Après une longue résistance, Henri fut obligé de céder à l'opiniâtreté d'Anselme et de Pascal II, et renonça à donner l'investiture.

Les papes étaient alors les dominateurs des rois. Ceux-ci favorisaient eux-mêmes cette puissance monstrueuse, en invoquant les foudres de Rome contre leurs ennemis. C'est ce que fit le roi 1119. de France, Louis-le-Gros, qui, ayant pris parti contre Henri pour le fils de Robert, Guillaume, lequel prétendait hériter de la Normandie, ne pouvait prêter à ce prince un secours efficace. Mais Henri réussit à se concilier le pape en députant vers lui des évêques affidés qui, d'ailleurs, avaient ordre de ne rapporter aucune bulle contraire au pouvoir royal.

Henri, qui, pour s'attacher les Anglais, avait épousé une princesse du sang de la dynastie saxonne, maria sa fille Mathilde, déjà veuve de l'empereur Henri V, à Geoffroi Plantagenet, comte d'Anjou, pour le détacher de l'alliance de son neveu Guillaume ; il mourut quelques années après. Ce roi, surnommé *Beau-Clerc*, était un peu lettré. Il était ferme et sévère. En garde contre les envahissemens de Rome, il sut empêcher qu'aucun légat n'entrât en Angleterre ; mais il régna despotiquement, et finit par favoriser les Normands en opprimant les Anglais.

1135. En mourant, le roi avait transmis la couronne à sa fille. *Stephen* ou Étienne, petit-fils du conquérant en ligne féminine, et comte de Blois, passa en Angleterre, et se fit couronner par le primat après l'avoir trompé. Pour étayer son usurpation, il accorda beaucoup dans une charte, et s'empara du trésor du feu roi. Mais le comte de Glocester, frère naturel de Mathilde, opéra un sou-

1138. lèvement en faveur de celle-ci. Uni au roi d'Écosse, il fut vaincu d'abord. Mathilde, étant venue en personne faire valoir ses prétentions, rallia de plus nombreux partisans. Glocester fit le roi

1141. prisonnier dans une bataille, et le primat couronna Mathilde. Mais cette princesse ayant refusé d'accorder aux grands les libertés de la charte d'Henri Ier qu'ils réclamaient, fut chassée. Glocester fut pris : on l'échangea avec le roi qui, en reprenant la couronne, vit le royaume frappé d'un interdit du pape.   1146.

Cependant le prince Henri, fils de Mathilde, s'annonçait alors sous de brillans auspices, et se signalait dans ses incursions en Angleterre. Par son mariage avec Éléonore, femme répudiée de Louis-le-Jeune, il possédait une grande partie de la France. Un tel concurrent fit décliner la fortune d'Étienne, et détacha ses partisans. Henri, sur le point de lui livrer bataille, consentit à lui laisser la couronne pendant sa vie. Étienne mourut un an après : cet usur-   1154. pateur avait de très-grandes qualités, mais son ambition fit le malheur public et le sien. Il est triste que le repos des peuples soit à la merci des prétentions de ceux qui ont la force, ou de ceux qui croient avoir le droit de les tenir en propriété !

*Règne de Henri II, premier des Planta-
genets. Conflit entre le pouvoir royal et
le pouvoir ecclésiastique. Partages et
révoltes.*

1155. Henri II, en montant sur le trône,
devint le plus puissant roi de l'Europe.
Il songea d'abord à rejoindre au domaine
royal les villes et châteaux qu'Étienne
avait donnés aux seigneurs pour s'en
faire des partisans. Il fut obligé d'en
prendre près de cent cinquante à main
armée, et il en fit abattre les fortifications. Pendant le désordre du règne d'É-
tienne, les seigneurs avaient surpris
l'autorisation de fortifier leurs châteaux;
la féodalité était devenue par là aussi
pillarde et aussi guerroyante qu'en
France. Henri fit ensuite avec avantage
la guerre à Louis-le-Jeune, qui, bien
que son suzerain, était moins puissant
que lui, et qui avait toujours favorisé
Étienne. Ayant marié son fils Henri à
l'héritière de Bretagne, il entra, comme
tuteur, en possession de ce beau duché.
Il rétablit d'utiles réglemens, et partout
il assura son autorité avec les armes
ou la politique. Maintenant nous allons

voir la discorde et la guerre de faction remplir tout ce règne.

Le clergé ne s'était pas seulement soustrait à la juridiction laïque ; il avait attiré presque toutes les affaires dans la sienne, alléguant que ce qui est péché est du ressort de l'Église. Mais comme les pénitences canoniques ne lui produisaient rien, il leur avait substitué des offrandes pécuniaires ou œuvres pies, par lesquelles on achetait l'absolution des crimes. Henri médita les moyens de corriger cet abus préjudiciable à son fisc. Pour cela il nomma archevêque de Cantorbéry, Thomas Becket, son chan- ^{1162.} celier, dans lequel il avait une grande confiance. Mais celui-ci, à peine mitré, déserta la cause du roi pour soutenir avec ardeur et opiniâtreté les prétentions du clergé, et de courtisan mondain devint subitement prélat austère. Alors commença une lutte longue et terrible entre ce prêtre et le roi. Celui-ci fit décider par les évêques et les barons assemblés à Clarendon, entre autres choses, que les clercs accusés de crimes seraient jugés par les cours laïques, qu'aucun baron ne serait excommunié sans le consentement du roi, qu'on ne pourrait appeler au pape des sentences rendues en Angleterre. Thomas parut se soumettre, mais il se rétracta, soutenu par le pape. Après avoir opposé un inflexible caractère qui n'est que de l'entêtement dans une cause injuste, à des persécutions excessives, mais excusables, il se retira en France. Accueilli par Louis VII, il persévéra dans ses entreprises et dans sa haine. Rétabli sur le siége par un compromis qui lui était favorable, il lança de nouveaux anathèmes contre les actes du roi. Celui-ci laissa échapper ces mots dans sa colère : «Quoi! personne ne me délivrera d'un prêtre audacieux et ingrat?» Quatre chevaliers partent aussitôt et vont assassiner le 1171. prélat sur l'autel même. C'est ainsi que le zèle outré des serviteurs s'empresse de réaliser le mal à peine éclos dans la pensée du maître. Henri eut un profond chagrin de ce crime, se fit justifier près du pape, et fit canoniser Becket. Le peuple accourut en pèlerinage à son tombeau, et le clergé inventa des miracles.

La seconde source des malheurs du règne de Henri II est le partage qu'il fit de ses états entre ses enfans. Qui pourrait calculer les maux qu'a de tout temps attirés sur les peuples cette politique absurde qui les considère comme le patrimoine des rois, qui les démembre suivant la convenance de leurs héritiers! On a cru long-temps que les nations sont faites pour ceux qui les gouvernent, tandis que les gouvernemens sont faits pour elles. Le jeune Henri, associé à la couronne par son père, le traita avec hauteur, prétendant qu'un fils de comte ne le valait pas, lui qui était fils de roi; ce qui était au reste très-conséquent avec les principes de la noblesse descendante. Soutenu par la France, cet impertinent se révolta, ainsi 1173. que ses frères, Richard, qui était investi de la Guienne et du Poitou, et Geoffroi, duc de Bretagne. Le roi les fit excommunier par le pape, soudoya une armée d'aventuriers nommés *Brabançons,* marcha contre les rebelles, leur fit en vain des offres d'accommodement, et, navré de douleur, vint faire une pénitence rigoureuse au tombeau de Thomas. Vainqueur du roi d'Écosse, allié de ses fils, il soumit ceux-ci qui se révoltèrent encore, appuyés par la France ; et, après une troisième rébellion, le malheureux père, humilié et rançonné, mourut de chagrin.

1189

Pendant ce règne, plusieurs chevaliers anglais, autorisés par le roi et par une bulle du pape, conquirent l'Irlande, qui était habitée par des peuplades presque toujours en guerre. Cette conquête n'eut alors aucune importance, tant le pays était pauvre. Mais elle est remarquable par cette bulle, modèle de celles qui donnèrent les deux Indes.

Au milieu de tant de calamités Henri II trouva le temps de faire beaucoup de lois, mais sans le concours des barons ni des évêques : il s'était rendu assez puissant pour cela. Il défendit qu'on ne saisît les biens du vassal pour dettes du seigneur. Il substitua la pénalité corporelle des Français aux compositions germaines. Il donna à plusieurs bourgs des chartes de communes à l'exemple de celles qui existaient en France : il se

fit payer le service militaire féodal en
argent ; cette taille, dite *scutage*, lui
donna le moyen de tenir sur pied une
armée soudoyée, ce qu'imita Philippe-
Auguste. Mais alors le pouvoir des rois
d'Angleterre était bien plus absolu que
celui des nôtres : aussi était-il pour
ceux-ci un objet d'envie et d'émulation.
Comme en France une taxe générale
fut levée pour la première fois à l'occasion des croisades.

*Richard Cœur-de-Lion. Jean-sans-Terre
contraint par les barons à signer la
Grande-Charte.*

Richard, dit *Cœur-de-Lion*, se repentit
d'abord du mal qu'il avait fait pour être
roi : mais son caractère impétueux reprit
bientôt le dessus, et il fit encore du mal
lorsqu'il le fut. Il nous offre le type de
ce qu'étaient alors les membres de cette
singulière confrérie, qui était la philanthropie de la féodalité, philanthropie
brutale et guerroyante comme elle, la
chevalerie. Richard ne fut autre chose
qu'un paladin sur le trône. Il voulut

aussitôt aller en Orient courir les aventures à la tête d'une armée : il pilla, il épuisa l'Angleterre pour se donner l'amusement de la croisade ; il se lia avec Philippe-Auguste, prince politique qui l'observait pour tirer parti de ses fautes, se brouilla ensuite, comme cela devait être avec un rival, puis se réconcilia et vint prendre Acre ou Ptolémaïs, qui ar-

1191. rêtait depuis deux ans l'armée européenne. En revenant, il fait naufrage, est emprisonné en Autriche par un ennemi personnel, se rachète, trouve l'Angleterre en désordre sous la régence d'un légat, et va défendre la Normandie contre Philippe qui l'envahissait, malgré un serment de ne rien entreprendre contre lui pendant son absence.

1199. Enfin ce roi chevalier errant vint se faire tuer en Limousin par une flèche, au siége d'un château d'où il voulait enlever un trésor. Son règne fut une suite de violences et de calamités. Il vendit les dignités, les juridictions : il laissa faire un massacre, accompagné de cruautés horribles, des malheureux Juifs, qui étaient les seuls industrieux du temps, et qui amassaient par la ruse ce qu'on leur ôtait par la force. Le zèle des croisades contribuait à exciter les peuples contre eux. On les rançonnait en les damnant. C'était une manière de lever l'impôt, comme le font les Turcs sur les Grecs, comme le font toutes les castes armées et fainéantes sur les castes laborieuses et sans armes.

Jean, dit *Sans-Terre*, parce que Henri II ne lui avait pas donné d'apanage, fut un roi pire que Richard. Il avait la tête aussi mauvaise, et il n'avait pas de cœur; les passions de l'un étaient du moins limitées par le point d'honneur : les vices de celui-ci étaient encore dégradés par la lâcheté. Arthur, fils du feu duc de Bretagne, qui était l'aîné de Jean, aurait eu droit au trône, si la *représentation* eût eu lieu comme en France. Le roi Philippe fit un parti à ce jeune prince, et l'investit du Maine et de l'Anjou. Mais Jean, ayant pris son malheureux neveu dans une bataille, le poignarda. Philippe, auquel les barons anglais, irrités 1203. par les excès de Jean, avaient déjà fait un appel, le cita devant sa cour des pairs

comme son vassal, et confisqua, par défaut, toutes les provinces qu'il avait en
France (1). La Normandie, puis l'Anjou, la Touraine et le Maine, furent
conquis en exécution de ce jugement.

Maintenant voyons Jean aux prises
avec une puissance plus formidable, le
pape. Innocent III prescrivit l'élection
de Langton, sa créature, au siége pri-
matial. Jean résista à cette prétention ;
l'interdit fut lancé sur le royaume, c'est-
à-dire que les églises furent fermées aux
laïques, les sacremens refusés, la con-
sternation décrétée avec anathème. Jean
s'opiniâtra davantage ; il fut excommunié par le pape. Après trois ans que dura
ce désordre, le pape offrit la couronne
à Philippe-Auguste. Celui-ci armait une
expédition, lorsque Jean se résigna à
se faire vassal du pape et à prêter hommage à genoux entre les mains du légat.
Alors innocent, satisfait de son humi-

1209.

1213.

------

(1) Voyez le *Résumé de l'histoire de France*,
au règne de Philippe-Auguste, et à toutes les
époques où l'histoire d'Angleterre est en con-
tact avec la nôtre.

liation, se tournant en sa faveur, interdit la conquête à Philippe. Celui-ci devint furieux en se voyant déçu, et sa flotte fut battue.

Mais l'interdit avait porté un grand coup au pouvoir royal. Les barons, les évêques, impatiens d'un joug pesant, voulurent reconquérir les priviléges que leur assurait la charte de Henri Ier. Langton, alors primat, forma leur ligue unie par des sermens. Après des résistances et des rétractations de Jean, les conjurés en armes, sous un chef qu'ils nommaient *maréchal de l'armée de Dieu et de la Sainte-Église*, vinrent forcer le roi à signer la *Grande-Charte*, qui était celle d'Henri Ier étendue. Les élections du clergé étaient déclarées libres, les exactions du fisc sur les barons interdites, les franchises des villes maintenues, les successions exemptées des droits exorbitans ; aucuns subsides ni *scutage* ne seraient levés sans l'autorisation du conseil commun ; la personne et les biens des hommes *libres* et des marchands étaient protégés contre toute vexation, sous la garantie du jugement de leurs pairs. Une disposi-

1215.

tion concernait les *vilains ;* on leur accordait la faveur de ne pouvoir être mis à l'amende au point d'être dépouillés de leurs ustensiles : c'était une grande marque de sollicitude.

Voilà en substance cette *Magna Charta*, qu'on a l'habitude de regarder comme le fondement des libertés anglaises, parce qu'elle fut pendant long-temps l'unique objet des réclamations faites au pouvoir. Mais on voit que ce n'était qu'un acte réglementaire du régime féodal ; elle nous montre combien les rois avaient rendu ce régime oppressif.

Les barons, qui ne tendaient qu'à s'emparer de l'autorité, établirent de prétendus *Conservateurs des libertés* avec pouvoir sans bornes. Le roi parut se soumettre : mais il fit anathématiser la charte par le pape : on n'en tint nul compte. Alors il la rétracta, et, à la tête d'une armée de Brabançons, il ravagea les terres des barons. Ceux-ci prononcèrent sa déchéance et offrirent sa couronne au prince Louis de France, qui arriva en Angleterre avec une ar-

mée, fit de rapides conquêtes, puis irrita par des préférences pour les Français. Les Anglais retournaient déjà au
parti de Jean, quand ce roi mourut, 1216.
laissant la couronne à son fils aîné.

Henri III. Simon de Leicester. Les communes admises au parlement.

Nous sommes à la première époque
remarquable de l'histoire de la liberté
anglaise. Donnons d'abord quelque idée
de l'état de la nation, pour que tout
s'explique mieux.

Les principes, les usages, les lois de
la féodalité, étaient en Angleterre à peu
près les mêmes qu'en France ; mais elle
y était plus régulière, et formait mieux
système. Les barons ou grands vassaux
immédiats, bien différens de ceux de
France, qui étaient des souverains indépendans, n'étaient pas individuelle-
ment assez forts et étaient trop nombreux pour n'être pas obligés de se
réunir en corps afin de résister au despotisme de la couronne. D'un autre côté
la couronne était assez puissante pour

leur tenir tête. On répète souvent que les barons s'allièrent les premiers au peuple anglais pour limiter le pouvoir des rois : ce furent plutôt les rois, tels que Henri I et Henri II, qui commencèrent à se concilier les arrières-vassaux et les marchands anglais, afin de contenir les barons. Ceux-ci, pour justifier leurs entreprises, se ménagèrent le même appui. Leur centralisation était le conseil des barons et évêques, qui s'assemblait de droit trois fois l'an. Rien de semblable n'existait alors en France, où la cour des pairs était une chose toute différente. La couronne avait de son côté des revenus immenses en domaines, en taxes féodales excessives, et en amendes provenant de l'exercice de la justice, parce que toutes les causes allaient en appel à la cour du roi.

Les peuples marchent sans cesse au changement, c'est-à-dire à la révolution. C'est la destinée de toutes choses : rien n'est immuable dans le monde. Quand le pouvoir central est entre les mains d'un roi fort et habile, c'est le roi lui-même qui accomplit la révolu-

tion. Sous un roi faible et mal entouré,
il se trouve un factieux qui se charge de
ce soin. En Angleterre les communes
avaient déjà assez de richesse et de force
pour être quelque chose dans l'état; et,
malgré les promesses de la Grande-
Charte, elles n'étaient rien. On va voir
comment elles prirent leur place sous
le règne de Henri III.

Pendant la minorité de ce roi, Pem- 1216.
broke, *protecteur* ou régent, rétablit
l'autorité, et chassa les Français qui
tenaient encore pour le prince Louis. A
sa majorité le roi montra le caractère
faible et versatile qui rendit son règne
si orageux. Après avoir disgracié l'habile de Bourg, il donna sa confiance
à l'intrigant Pierre Desroches, prélat
poitevin, qui mécontenta les barons et
donna toutes les faveurs à des Poite-
vins. Puis il épousa une princesse pro-
vençale, et les Provençaux envahirent
tous les emplois. Enfin, après avoir con-
tracté des dettes immenses sans réussir
à investir son fils de la Sicile, que le
pape lui avait donnée, après avoir sans
cesse violé la Grande-Charte, qu'il ra-

tifia vingt fois, il se vit insulter hau-
tement par les barons, qui la violaient
aussi à l'égard de leurs vassaux. Simon
de Montfort, fils de l'égorgeur des Albi-
geois, comte de Leicester par sa mère, et
beau-frère du roi, homme audacieux,
adroit et ferme avec un masque de dévotion, réunit les mécontens, et les excita
contre les étrangers, quoique étranger
lui-même. Il forma et présida un conseil
suprême auquel le roi se soumit ainsi
que son fils Édouard. L'aristocratie gouverna seule; mais la division survint.
Le roi essaya de reprendre l'autorité.
Leicester recommença l'insurrection
avec la coopération de trente mille Gallois; et, malgré la pacifique décision
arbitrale de saint Louis, il vainquit l'armée royale à Lewes, où il fit le roi et le
prince prisonniers. Maître du royaume,
il songea à y assurer son pouvoir en
favorisant les communes. Agissant toujours au nom du roi, qu'il forçait à
tout signer, il introduisit au conseil
commun, qui prit alors le nom de *Parlement*, deux chevaliers choisis dans
chaque comté, et des députés envoyés

1258.

1264.

par les villes et bourgs. Telle est l'origine 1265.
de la chambre des communes. Ainsi
c'est à un Français que l'Angleterre en
est redevable (1).

Ce fameux Simon de Leicester, véritable Cromwell féodal, lassa les barons
par sa tyrannie. Glocester, le plus puissant d'entre eux, l'abandonna, et rallia le parti de la couronne; le prince
Édouard s'évada, et vainquit Leicester
dans une bataille où celui-ci mourut
bravement. Tout rentra dans l'obéissance, et la Grande-Charte fut encore
confirmée. Mais, pendant que le prince
Édouard était allé à la croisade au secours de Louis IX, l'anarchie recommença, et le dévot Henri mourut.   1272.

*Édouard Iᵉʳ. Conquête du pays de Galles.
L'Écosse domptée. L'admission des
communes confirmée.*

Le long règne d'Édouard Iᵉʳ est encore une des grandes époques de l'his-

----

(1) *Voyez* l'histoire de cette époque dans
les *Études sur les assemblées représentatives.*

toire d'Angleterre. Ce roi était habile et
prudent, mais ambitieux et inflexible
jusqu'à la cruauté. Il a quelques rapports avec Philippe-le-Bel, son contem-
porain. Comme lui il résista au pape tyran Boniface VIII; et il contint les grands,
le clergé et les communes, les uns par les
autres. Quoique tout se tienne en histoire et en politique, et que les guerres
extérieures influent beaucoup sur le gouvernement puisqu'elles exigent de l'argent, je sépare ces deux objets pour être
plus clair. Voyons d'abord les guerres.

1276. S'étant déjà signalé en Orient, Édouard
entreprit de soumettre le pays de Galles, qui n'avait jamais été entièrement
réduit, et qui soutenait souvent les ré-
bellions anglaises. Il pénétra dans les
montagnes, vainquit le prince Léolyn,
et le fit pendre, parce qu'il avait défendu
son pays avec constance. Les *Bardes*,
dont les chants excitaient l'ardeur martiale des Gallois, descendans des anciens Celtes ou Bretons, furent massacrés. Le titre de prince de Galles fut
donné, depuis la réunion définitive de
ce pays, aux fils aînés des rois.

La couronne d'Écosse était vacante. 1291.
Deux compétiteurs, Bruce et Baliol, y
prétendaient. L'entreprenant Edouard,
à qui l'on s'en référa, prit les armes, parla
plus en suzerain qu'en arbitre, s'empara
de l'Écosse, et déclara Baliol son vassal en se prononçant pour lui. Mais
celui-ci secoua bientôt un joug insup-
portable ; et, la guerre s'étant allumée
entre la France et l'Angleterre à la
suite d'une querelle entre deux matelots,
il s'allia avec la France. Édouard conquit l'Écosse une seconde fois, et fit la
paix avec Philippe. Cependant un Écossais qui joignait le cœur d'un patriote
à une force gigantesque, Wallace leva
l'étendard, rallia les mécontens, délivra 1298.
son pays dont il fut nommé régent, et
porta la guerre jusqu'en Angleterre.
Édouard accourut, vainquit encore les
Écossais, moins Wallace, qui se réfugia dans les montagnes avec quelques
amis. Troisième soulèvement : Édouard 1303.
le réprima par l'incendie et la destruction ; et le brave Wallace, trahi, lui
ayant été livré, il le fit pendre comme 1306.
Léolyn. Quatrième soulèvement dirigé

par Robert Bruce le fils, qui fut couronné roi. L'armée d'Édouard vainquit encore, et lui-même, à 68 ans, allait de nouveau marcher en personne lorsqu'il mourut.

Le dépouillement et le bannissement de quinze mille Juifs sont une violence commune dans ces siècles. Mais Édouard Ier a reçu le nom de *Justinien anglais*, parce qu'il rassembla régulièrement le parlement, surveilla la justice, et fit de nombreuses lois. Sentant la nécessité de favoriser les communes pour en obtenir les subsides que ses ruineuses entreprises rendaient nécessaires, il confirma leur admission au parlement, et décréta qu'aucune taxe ne serait levée sans le consentement de celui-ci. « Il est juste, disait-il dans son *Writ*, que tous approuvent ce qui est dans l'intérêt de tous. » C'est là que les publicistes anglais font remonter le droit parlementaire du vote de l'impôt, l'une des premières libertés de la constitution. Ce fut aussi Édouard qui établit les juges de paix, utiles magistrats de police; il ne fut pas moins sage en interdisant l'acquisition des terres au clergé, qui possédait déjà une grande partie du pays. Il est vrai que cet ordre si opulent payait quelquefois (ainsi qu'en France dans ce temps) d'assez forts subsides. Voilà pourquoi le bas clergé fut dès lors représenté au parlement. Mais les papes, qui percevaient d'énormes taxes, lui défendaient sévèrement d'en payer au pouvoir laïque.

On voit qu'en Angleterre tout le monde supportait quelque portion des charges. Dans notre France le clergé et la noblesse s'affranchirent presque toujours des impôts.

Edouard II. Droit de pétition laissé aux communes.

Les rois forts accordent plus ou moins 1307. de ce que demande leur époque : les rois faibles le laissent prendre. Les grands firent jurer à Edouard II, lors de son couronnement, qu'il maintiendrait les lois et statuts que le parlement jugerait à propos de faire. C'était pour celui-ci le pouvoir législatif reconnu,

Ce fut alors aussi que les communes annexèrent des pétitions aux bills qui accordaient les subsides : leur participation à la puissance législative s'introduisit ainsi à la dérobée.

Ce règne fut orageux comme celui de tous les princes irrésolus. Robert Bruce se releva en Écosse, tandis que le lâche Édouard, livré à de honteuses débauches, laissait régner le Gascon Gaveston son favori. L'insolente prospérité de celui-ci suscita une révolte. La reine, Isabelle de France, et le comte 1308. de Lancastre, premier prince du sang, en étaient les chefs. Le roi fut contraint, par la force, de renouveler son serment et de chasser Gaveston. Mais il le rappela ensuite, et la guerre civile recommença. Le favori fut pris dans un fort et les barons le firent décapiter. Le roi porta la guerre à Bruce, et se fit battre ; il prit un nouveau favori nommé Spencer, et fit encore révolter les barons. Mais cette fois ceux-ci furent vaincus, et Lancastre fut à son tour mis à mort par une cour martiale. Ces sanglans conflits entre les ministres et les grands sont fréquens en

Europe, à cette époque où les rois essayaient d'exploiter eux-mêmes le despotisme ; les grands voulaient qu'il fût
toujours exploité par leurs mains.

Des différends étaient survenus pour
l'hommage de la Guienne. La reine,
qui était en France près de son frère
Charles-le-Bel, pour les terminer, re- 1326.
vint en Angleterre avec Mortimer son
amant, souleva Londres et les provinces contre son mari, fit pendre les
favoris et les ministres, fit arrêter le
roi, qui était caché, et le fit déposer
par le parlement comme incapable. Le
peuple allait se prononcer pour le roi
captif, lorsque ce malheureux subit une
mort violente et cruelle. Peu d'histoires
offrent autant d'assassinats ou de supplices de princes et de grands que celle
d'Angleterre. Ce règne n'est pas, à
beaucoup près, le plus sanglant de tous.

*Edouard III. Invasions en France. Ex-
tension des droits du parlement.*

Douze seigneurs clercs et laïques for- 1327.
mèrent un conseil de régence sous l'in-

fluence de Mortimer. La guerre d'É-
cosse continuait sans succès ; il fallait
reconnaître Bruce. Edouard, à dix-huit
ans, voulut régner ; il secoua le joug
de l'infâme Mortimer, que le parlement
fit pendre. La reine mère Isabelle, af-
freux pendant de notre Isabelle de Bavière, fut renfermée. Edouard porta les
armes en Écosse pour appuyer un descendant de Baliol : il vainquit inutilement comme ses prédécesseurs. La
France offrit bientôt un champ à l'ambition de ce roi, qui devint son plus terrible ennemi. Neveu de Charles-le-Bel,
ayant fait valoir vainement ses prétentions à la couronne, que les pairs ad-
jugèrent à Philippe de Valois, il s'allia
au chef des Flamands révoltés, Arta-
veldt, puis à l'empereur, et prit le titre
de roi de France. Un scélérat, prince
du sang français, Robert d'Artois, l'excitait et le dirigeait. Malgré la victoire
navale de l'Écluse, son premier débarquement fut sans résultat, parce qu'il
manquait d'argent. Mais il soutint ensuite en Bretagne l'héroïque comtesse
ds Montfort, et il effectua une descente

en Normandie d'après les instructions du traître Geoffroy d'Harcourt. Secondé par son fils le prince de Galles, qui avait quinze ans, il vainquit Philippe à Crécy, et prit Calais.

Sous le roi de France Jean, un troisième traître, Charles-le-Mauvais, conspira encore contre elle, et fut naturellement l'allié d'Édouard. Celui-ci entra de nouveau en Picardie par Calais. Le prince de Galles ou prince Noir (comme le faisait appeler la couleur de son armure) leva une armée en Guienne, duché qui appartenait à l'Angleterre depuis Henri II. Attaqué par Jean, qui avait 1356. des forces supérieures, et sur le point de capituler avec lui, il le vainquit à Poitiers, le fit prisonnier et le traita avec la courtoisie qui était dans son caractère chevaleresque. Après trois ans de captivité, Jean consentit, pour se racheter, à céder toutes les provinces françaises que Henri II avait possédées. Les états de France refusèrent de ratifier ce traité anti-national. Alors Edouard fit une nouvelle invasion avec cent mille de ces aventuriers ou *Malandrins* qui alors se mettaient à la solde des princes. Il saccagea et rançonna plusieurs provinces, bloqua Paris ; et, s'apercevant enfin qu'il ne réussissait ni à se faire aimer des Français, ni à se faire reconnaître pour leur roi, il signa la 1360. paix à Bretigny. Il renonçait à ses prétentions à la couronne et devenait souverain, sans charge d'hommage, des provinces voisines de la Guienne, telles que le Poitou, la Saintonge, le Limousin, etc. Jean ratifia le traité qui l'obligeait à payer une somme équivalente à 40 millions d'aujourd'hui, et à livrer quarante otages. Mais l'un d'eux (un de ses fils) s'étant évadé, il retourna mourir à Londres sans pouvoir acquitter en entier le montant de sa rançon. Cette noble conduite nous fait oublier toutes les fautes de ce roi malheureux.

Charles V, qui lui succéda, renforça en France le pouvoir royal ébranlé par les abus, les désordres et la résistance. Duguesclin, qui l'aida de son épée, étant allé en Castille pour en chasser le tyran Pierre-le-Cruel, celui-ci se réfugia en Guienne près du prince Noir, qui par politique prit son parti et le replaça sur le trône. Mais les frais de cette expédition et la magnificence du prince anglais avaient épuisé son trésor. Il irrita les sujets français de son père par des taxes excessives; ils se plaignirent au roi de France, qui reçut leur appel comme suzerain, et cita le prince Noir à la cour des pairs. Celui-ci répondit en 1373. prenant les armes, et Duguesclin reconquit sur les Anglais toutes les provinces qu'ils avaient en France. Edouard mourut peu après le prince dont le bras avait été si utile à son ambition. Richard II, fils de ce dernier, eut la couronne.

Les dépenses de la guerre servirent encore sous ce règne à étendre les prérogatives du parlement. Edouard lui soumit toujours les affaires, parce qu'il lui demandait toujours des subsides. Les communes acquirent plus d'importance. On demanda que les pairs ne fussent jugés que par leur cour en parlement; que les ministres rendissent à celui-ci compte de leur gestion. Edouard, endetté, ratifia, puis se rétracta. Cependant cette idée première de la responsabilité ministérielle fut appliquée sur la fin de son règne. Il confirma vingt fois la Grande-Charte, ce qui prouve, il est vrai, comme dit Hume, qu'il la viola souvent. Mais alors tous les droits, tous les pouvoirs étaient mal définis et confondus. Les actes les plus despotiques paraissent à côté des garanties de la liberté. Cependant il faut enregistrer soigneusement les conquêtes graduelles dont l'ensemble a plus tard formé la constitution.

L'usage de l'anglais dans les actes s'introduisit alors. Le pouvoir temporel et fiscal des papes fut encore restreint.

Richard II. Wiclef. Insurrection populaire. Roi déposé par le parlement.

Il semble que tout se suive en Europe. Le gouvernement féodal finit partout, et partout il expire dans les convulsions ordinaires aux transitions politiques. Il rassemble ses dernières forces contre l'autorité royale qui le terrasse à l'aide du peuple ; et, comme le peuple n'a pas assez de consistance ni de lumières pour résister, le despotisme s'établit. Alors on s'en dispute l'exercice. Auparavant, c'était l'aristocratie liguée contre la royauté qui formait les factions : maintenant ce sont les princes du sang qui les organisent contre les rois. En Angleterre cette lutte pour le pouvoir n'interrompt point l'unité nationale. En France, elle reçoit un caractère particulier du morcellement de la féodalité souveraine renouvelé par les apanages. Il y aurait de quoi faire un livre sur ce sujet, et je n'ai que vingt lignes pour l'indiquer.

Le roi était mineur. Ses oncles, les ducs de Lancastre, d'York et de Glocester, s'observaient mutuellement : leur ambition attendait. Le parlement, dans lequel les communes avaient quelque influence, établit un conseil, que Lancastre dirigea.

1377.

Cependant les tentatives de réforme évangélique, après avoir échoué dès ce temps dans diverses parties de l'Europe, se reproduisaient naturellement en Angleterre, où le clergé était corrompu, parce qu'il était riche. Le scolastique

Wiclef prêchait dans les campagnes ; ses maximes démocratiques et religieuses soulevaient les paysans. On levait une taxe extraordinaire : cent mille mécontens vinrent ravager Londres, envahirent le palais ; et le roi, en danger de la vie, les calma tout d'un coup en leur parlant avec douceur, tant il est facile de conduire le peuple en masse ! Mais bientôt, la cour ayant réuni des troupes, la sédition fut sévèrement châtiée. Les *Pastoureaux*, les *Cotereaux* et la *Jacquerie*, eurent en France le même sort.

Richard II s'abandonna, comme Edouard II, à des favoris. Robert de Vère régna en son nom. Glocester forma une ligue ; les communes renversèrent un ministre ; un conseil s'empara de l'autorité malgré le roi. Celui-ci, à vingt-deux ans, voulut régner et ne fit que des turpitudes. Glocester excita encore une révolte ; mais il fut arrêté à temps, et une mort violente prévint son jugement.

Lancastre étant mort, son fils Henri, prince populaire, fut dépossédé de son héritage par le roi son ennemi ; un parti

se forma ; le duc d'York s'y joignit. Le
roi fut arrêté et mis en accusation de- 1399.
vant le parlement, comme ayant régné
arbitrairement. Les barons et les communes le déposèrent ; il fut assassiné.
Henri de Lancastre se déclara roi au
nom de la Trinité, ou par la grâce de
Dieu. Il ne l'était pas par sa naissance,
car il descendait du troisième fils d'E-
douard III, et le duc de Clarence, second fils de celui-ci, avait eu une fille
qui fut mariée au fils de Mortimer ; de
là était issu le jeune comte de la Marche, dont la succession passa par sa
sœur dans la maison d'York. Voilà donc
les tiges de ces deux branches de Lancastre et d'York, que nous verrons plus
tard verser tant de sang pour se dispu-
ter le trône.

*Henri IV, premier de la branche de
Lancastre. Influence des communes.*

L'usurpation d'Henri rendait d'abord 1399.
le trône périlleux pour lui. Des conspirations furent comprimées par des supplices. Piercy, comte de Northumber- 1403.

land, chef des mécontens, uni aux Ecossais, fut vaincu à la sanglante bataille de Shrewsbury. L'archevêque d'York fut condamné à mort et exécuté. Henri sut maintenir avec prudence et vigueur un pouvoir contesté, qu'il n'eût peut-être pas arraché à Richard II, si celui-ci n'eût pas voulu le dépouiller lui-même.

Les réformateurs wiclefites, qu'on appelait *Lollards*, se multipliaient quoique accusés d'hérésie. Mais une réforme démocratique et manquant de chefs ne pouvait lutter contre un clergé qui possédait le tiers des terres du royaume. Le roi, dont le père avait secrètement favorisé les Lollards, fit porter des lois qui les condamnèrent au feu.

L'importance des communes croissait ; la cour s'immisçait déjà dans les élections. Mais quand un roi est obligé d'acheter de la légitimité avec des concessions, on est plus exigeant. La chambre basse fit éloigner plusieurs officiers d'Henri et même son confesseur, fit jurer aux conseillers l'observation de certains règlemens, et, à l'instar de nos états de 1355, elle nomma des trésoriers pour lui rendre compte de l'emploi des subsides. Enfin elle alla jusqu'à demander que les revenus du clergé fussent appliqués aux dépenses publiques. Mais le roi, qui sentait le danger de se brouiller avec l'aristocratie religieuse, refusa. La modicité des subsides, qui dans ce temps se levaient en denrées, tenait la couronne dans une sorte de dépendance des communes, surtout en temps de guerre, car la solde des troupes ruinait le trésor. Aussi les rois avaient-ils quelquefois recours aux violences, aux confiscations. Voilà ce qui arrive nécessairement quand l'autorité suprême n'est limitée que par des pouvoirs mal définis.

Henri V nommé régent de la France déchirée par la guerre civile.

Fils du roi précédent, Henri V, après 1413. les déportemens d'une jeunesse dissipée, porta sur le trône un esprit ferme et des vues supérieures. Il sut se concilier des partisans. Cependant les Lollards, conduits par lord Cobham, habile

homme de guerre, firent une tentative
de révolte, que le roi comprima aisément avec l'appui du clergé leur ennemi
juré. Cobham, pris, échappé et repris,
fut pendu. Cette secte de précurseurs
des presbytériens tomba. Le clergé
céda prudemment une partie de ses
biens au roi; et les affaires de France
firent diversion. Henri IV, mourant,
avait dit à son fils d'occuper les Anglais
au dehors pour avoir la paix au dedans.

Nous avons vu dans le *Résumé de
l'Histoire de France* quelle était alors
la situation de ce pays. En proie à la
guerre civile, il servait de théâtre aux
fureurs de deux factions de princes du
sang. Henri V fit demander la fille de
Charles VI avec la souveraineté des pro-
1415. vinces confisquées par Philippe-Auguste. La cour de France offrit d'en céder la moitié; Henri refusa. Après avoir
déjoué un complot tramé contre lui et
après avoir fait exécuter un fils du duc
d'York, il débarqua en Normandie,
prit Harfleur, puis se retira, la famine
moissonnant son armée. Attaqué à Azin-
court dans une situation désespérée,

mais après s'être fortifié, il remporta une victoire comme celles de Crécy et de Poitiers, où l'impétuosité vint encore se briser contre la prudence. Mais le manque d'argent le força de conclure 1417. une trève, et d'évacuer la France. Il y rentra deux ans après, traita successivement avec les Armagnacs et les Bourguignons, prit Rouen, Pontoise, 1420. Gisors, alla signer à Troyes le traité par lequel il était reconnu héritier de la couronne, et fit son entrée à Paris. Là il épousa Catherine de France; les débris des états-généraux et du parlement lui jurèrent fidélité comme régent. 1422. Mais le besoin de subsides l'obligea encore à repasser en Angleterre, où il mourut, laissant ses frères, le duc de Bedford régent de France, et le duc de Glocester régent d'Angleterre.

Henri VI. Marguerite d'Anjou. Warwick. Commencement des guerres d'York et de Lancastre.

Le parlement, pour exercer son autorité, conféra la régence d'Angleterre avec le titre de protecteur au duc de

Bedford, et la surveillance du roi à l'ambitieux évêque (depuis cardinal) de Winchester. Le roi de France, Charles VI, venait de mourir. Charles VII soutenait le parti national dans

1424. quelques provinces. Bedford gagna la bataille de Verneuil en Normandie. Mais une femme ayant abandonné son mari, cousin du duc de Bourgogne, pour se retirer en Angleterre, où Glocester l'épousa, la désunion commença entre les Anglais et le Bourguignon. Charles ramena à lui le duc de Bretagne; le brave bâtard Dunois vainquit les Anglais à Montargis; les exploits prodigieux de Jeanne d'Arc firent le

1431. reste. Cette fille héroïque sauva la France, mais elle expia ses triomphes. Son supplice est pour les Anglais une honte qu'ils nous ont ôté le droit de leur reprocher en nous la faisant partager : ce sont des Français qui l'ont jugée!

Ce lâche *auto-da-fé*, allumé par la haine politique sous l'apparence du zèle religieux, rendit le joug anglais plus odieux que jamais en France. Bedford, quoique habile et prudent, s'aliéna Philippe de Bourgogne par ses hauteurs. 1435. Charles, uni à celui-ci, parvint en quinze ans à chasser de France les Anglais, qui commençaient à éprouver chez eux à leur tour les funestes effets de la discorde. Nous allons maintenant les voir en proie à l'une des guerres civiles les plus furieuses et les plus longues qui figurent dans l'histoire. Trente ans de désordres, treize batailles rangées, et des massacres ou des cruautés horribles vont être le fruit des prétentions élevées sur le droit héréditaire à la couronne, qu'on appelle aujourd'hui légitimité.

Bedford était mort. L'impérieux Glocester et le fourbe cardinal gouvernaient en concurrence. Il s'agissait de 1443. marier Henri VI, prince faible et nul qui avait alors vingt-trois ans. Les intrigues de Winchester et de Suffolk sa créature l'emportèrent; ils marièrent le roi à Marguerite, fille de René d'Anjou-Sicile, princesse dont nous verrons se déployer le caractère énergique. Unie au cardinal, elle se défit d'abord de Glocester, dont on avait déjà accusé la

1447. femme de magie, pour la perdre. On convoqua un parlement qu'on influença. Glocester, arrêté et accusé, mourut promptement dans sa prison. La reine et Suffolk, qu'elle fit duc et premier ministre, furent avec raison soupçonnés. Mais un nouvel adversaire plus dangereux encore se présenta : c'était le duc d'York, dont le père avait été décapité en 1415, premier prince du sang, fils d'une Mortimer, et tenant, comme on l'a vu, à la branche aînée; son allié, le comte de Warwick, non moins puissant et plus populaire, sou-

1450. tenait son parti, dont le premier acte fut de renverser Suffolk, qui était riche et parvenu. Les communes l'accusèrent de haute trahison, la cour le bannit pour le sauver. Les pairs protestèrent qu'ils auraient eu le droit de le juger. Ses ennemis s'en défirent par un meurtre.

A cette époque, Jean Cade, aventurier irlandais, se fit passer pour un Mortimer, rassembla vingt mille Kentais, publia un manifeste contre la cour, entra à Londres, et en fut chassé par les bourgeois, qu'il ne pouvait garantir du pillage. Sa tête fut mise à prix : il périt. Mais cette insurrection passagère fit connaître l'état des esprits, et termina les incertitudes du duc d'York. 1452. Revenu d'une expédition en Flandre, et appuyé par les communes, il vint à la tête d'une armée demander à la cour le renvoi de Somerset, le premier ministre. Arrêté dans une entrevue, puis élargi, parce qu'on craignait son fils, il parvint à se faire nommer par le parlement protecteur du royaume. Somerset fut renfermé ; le roi le fit ensuite relâcher. York leva encore une armée et battit celle de la cour à Saint- 1455. Albans, où il fit le roi prisonnier. Mais sa circonspection ordinaire l'empêcha de profiter de cette victoire. L'opiniâtre Marguerite rétablit sur le trône son mari, à qui elle avait donné un fils. 1458. Une fausse paix fut conclue entre la cour et les chefs Yorkistes, à peine échappés à un piége que leur avait tendu la reine.

Bientôt les deux factions rallumèrent la guerre. Celle de Lancastre, ou de la

cour, avait pris pour signe la rose
1460. rouge; la rose blanche servait de rallie-
ment aux Yorkistes. Ceux-ci gagnèrent
deux batailles : à celle de Northampton,
Warwick fit encore le roi prisonnier.
Le parlement, au jugement duquel York
soumit ses titres, décida que, son droit
d'aînesse étant incontestable, il devait
gouverner, tandis que Henri VI, ayant
une longue possession, garderait la couronne en viager. Mais Marguerite ne
voulait pas céder; c'était réellement
elle qui était le roi. Réfugiée en Écosse,
elle rentra en Angleterre à la tête de
vingt mille hommes, et battit en personne le duc d'York à Wakefield, où il
périt. Les vainqueurs et la reine elle-
même se souillèrent par d'atroces bar-
baries; les principaux prisonniers furent
égorgés. Marguerite ne s'arrêta pas là :
1461. elle marcha contre Warwick, le vainquit près de Saint-Albans, et mit le
roi en liberté. Mais le nouveau duc
d'York, prince de belle apparence et
plus résolu que son père, ayant déjà
remporté un avantage sur les royalistes, parut devant Londres avec des

forces supérieures et y entra en triomphe. Après avoir rangé son armée en
bataille dans une plaine, il y appela le
peuple, que Warwick harangua en lui
adressant cette question : « Lequel vou-
lez-vous pour roi, Henri de Lancastre
ou Edouard d'York ? » La réponse n'était
pas douteuse. Une assemblée de prélats,
de seigneurs et de bourgeois notables la
confirma. Edouard fut proclamé roi à
dix-neuf ans. Quand le droit héréditaire
à la couronne est contesté, il faut bien
qu'une autorité supérieure juge le litige.
Henri IV, vainqueur, l'avait soumis au
parlement. Edouard IV soumit la question au peuple : mais devant le peuple
il y avait encore une armée. C'est donc
toujours la force qui décide! oui : mais,
dans une bonne organisation sociale,
le peuple ferait connaître son vœu et le
ferait respecter.

On passa, sous Henri VI, une loi
qui exigeait des électeurs un revenu
en terres libres équivalent à 400 francs
de notre monnaie actuelle.

Edouard IV, premier de la branche d'York. Suite et fin de la guerre des deux roses.

1461.   L'indomptable Marguerite réunit encore 60,000 hommes dans le nord. Edouard et Warwick marchèrent contre elle, et la vainquirent à Towton, où elle perdit 36,000 hommes; on ne fit pas de quartier. Le parlement convoqué reconnut le nouveau roi, et déclara les Lancastres ennemis de l'Etat. Marguerite obtint de Louis XI, à qui elle promit Calais, une petite armée qui fut encore

1464. battue. La reine se sauva à travers de grands dangers. Henri, caché un an, fut découvert et conduit à la Tour, lié sous le ventre d'un cheval et hué de la populace.

L'impétueux Edouard se livra alors à toute la violence de ses passions; il était cruel et débauché. Il fut surtout impolitique. Warwick était allé négocier pour lui un mariage avec une princesse, et pendant ce temps il épousa Elisabeth de Woodville, belle veuve dont il était épris. Warwick irrité forma un parti, entraîna le duc de Clarence même, frère du roi; et Louis XI, avec qui il s'allia, parvint à le réconcilier avec Marguerite d'Anjou. En vain Edouard s'unit de son côté au fameux duc de Bourgogne, Charles-le-Téméraire : Warwick débarqua; son nom rallia 60,000 hommes, il vainquit le roi sans coup férir, tira Henri de prison et le replaça sur le trône. On l'appelait avec raison le *faiseur de rois*. Le parlement approuva encore, et déclara Edouard traître et usurpateur. 1470.

Mais celui-ci revint avec une flottille du duc de Bourgogne, allié de la rose blanche. Son armée se grossit; il entra dans Londres, où il avait pour lui toutes les femmes, parce qu'il était beau; et tous les marchands, parce qu'il leur devait de l'argent. Son frère revint à lui. Warwick fut vaincu et tué à Barnet. Marguerite fut vaincue et prise à Tewkesbury, avec son fils. Ce prince, âgé de dix-huit ans, insulté et souffleté par Edouard, fut assassiné sur-le-champ par les frères de celui-ci. Henri VI fut tué dans sa prison. Ce malheureux 1471.

passa pour un saint; il eût mieux valu qu'il fût un roi. On regarde comme son meurtrier Glocester, qui annonçait dignement Richard III, Marguerite fut rachetée par Louis XI, à qui René céda ses droits sur l'Anjou, la Provence et la Lorraine; et cette femme extraordinaire alla mourir dans une obscure demeure sur les coteaux de la Loire près de Saumur. Ainsi finit la guerre des deux roses, qui coûta la vie à 1,100,000 hommes et à 80 princes du sang. Ce n'était qu'une guerre de dynastie; le peuple ne fit que changer de maîtres. Dans les révolutions, au contraire, il gagne toujours quelque chose. Cependant ce fut sous ce règne qu'on dit pour la première fois dans le protocole parlementaire : « Accordé par le roi et les seigneurs, avec le *consentement* des communes. »

Edouard, après avoir fait tomber les têtes sans scrupule pour assurer son pouvoir, régna en libertin. Tous les Woodville envahirent les emplois. On murmura. Clarence fut encore ou parut être dans les mécontens. Le parlement, qui ménageait moins le sang des grands que l'argent du peuple, se prêta bassement à le condamner; laissé maître du choix de son supplice, ce prince bizarre voulut être noyé dans un tonneau de vin : sa fin fut digne de sa vie. 1477.

Edouard mourut avec des remords. Il était populaire, dit-on, parce qu'il 1482. était affable. Il est donc bien facile à un roi d'être populaire.

Edouard V. Richard III, son tuteur et son meurtrier.

Ceux qui trouvent que tout est bien, et qui prouvent que tout ce qui arrive était nécessaire, nous expliqueront-ils à quoi il est bon que la royauté tombe en partage à des monstres comme les Tibère, les Néron, les Louis XI? Lors même que le meurtre des princes et des grands qui les entouraient aurait produit quelque bien pour les peuples, la démoralisation et l'avilissement peuvent-ils se compenser?

Frère du feu roi et tuteur de son fils, Glocester voulut s'emparer du trône. Fourbe et brave, féroce et habile, il fit le mal par goût et par ambition.

Doué d'une âme atroce dans un corps hideux, il sembla se venger sur l'espèce humaine des disgrâces de la nature. Il dirigea les partis d'une minorité turbulente de manière à attirer tout à lui; il se fit nommer protecteur; il fit tomber dans ses piéges la reine mère et ses deux fils, qu'il fit passer pour bâtards; il immola tout ce qui ne se prêta pas à ses vues, jusqu'à une malheureuse, Jeanne Shore, qu'Edouard IV avait séduite, et il se défit du jeune roi ainsi que du frère cadet de celui-ci (1), après s'être fait proclamer roi. Tel fut Richard III. Cette usurpation aussi rapide que sanglante s'accomplit en deux mois. Le peuple, qui eut à peine le temps de l'apercevoir, fut loin de s'y prêter : interrogé, il la condamna par son silence. Le parlement ratifia tout.

Mais le sort des tyrans est de trouver des ennemis dans leurs propres instrumens. Buckingham, après avoir servi Richard, son cousin, le trouvant ingrat, conspira contre lui. L'exécration

1483.

---

(1) L'époque de leur meurtre est incertaine.

publique était un auxiliaire puissant.
Henri Tudor, comte de Richemond,
issu, par sa mère, de la branche de
Lancastre, et descendant par son père
d'un gentilhomme gallois qui avait
épousé la veuve d'Henri V, fut indi-
qué comme bon à faire un prétendant
et à rallier un parti. On convint de le
marier à une fille d'Edouard IV pour
réunir les deux roses. Mais Richard découvrit la trame. Buckingham fut pris
et mis à mort ; Richard était sur le point
d'épouser la même fille d'Edouard, que
lui livrait la reine, lorsque Tudor, 1485.
échappé de sa retraite en Bretagne, débarqua avec un secours de quatre mille
Français fourni par Charles VIII. Richard marcha contre lui et fut vaincu à
Bosworth, où il vendit cher sa vie. En
lui finit la race des rois Angevins ou
Plantagenets, qui donna tant de grands
hommes à l'Angleterre.

Quelques historiens placent ici, peut-
être avec raison, la fin de la querelle
des roses, car Henri Tudor fut soutenu
dans son entreprise en grande partie
par les anciens fauteurs des Lancastres.

Henri VII, premier de la race des Tudors. Despotisme établi avec l'argent.

Henri Tudor détestait les Yorks, et, pour ne pas paraître leur devoir ses droits, il se fit proclamer roi avant d'épouser Elisabeth d'York. Le parlement le reconnut comme légitime : il obtint la confirmation du pape, et il mit à la tour de Londres le jeune Warwick, fils du feu duc de Clarence.

A la suite des convulsions qui déplacent et déciment les dynasties, il ne manque pas de faux prétendans qui réclament la couronne : ce sont les aventuriers de la légitimité. Il s'en présenta 1486. un. Le fils d'un boulanger, Simnel, exercé par un prêtre à jouer le rôle du jeune comte de Warwick, fut placé comme tel à la tête d'un parti d'yorkistes et couronné en Irlande. Henri fit en vain montrer au peuple le véritable Warwick. Un parent des Yorks conspira de son côté, se joignit à Simnel, et tenta une invasion en Angleterre. Ils y 1487. échouèrent à Stoke, où Simnel fut pris. Là finit sa royauté ; au lieu de le punir, le roi le fit entrer comme marmiton dans sa cuisine.

Alors l'union de la Bretagne à la France allait enfin se consommer par le mariage d'Anne et de Charles VIII. Henri VII se fit accorder par le parlement un subside dit de *bienveillance*, pour prévenir un événement aussi avantageux à la France. Il assiégea Boulogne, mais en même temps il traita avec Charles VIII, qui lui paya une forte somme, et qui s'engagea à un tribut annuel. Ainsi il gagna des deux côtés à cette jonglerie politique. Son but était de tirer de l'argent, comme Louis XI son modèle. Avare parce qu'il était despote, despote parce qu'il était avare, il mit tout l'art de régner dans ceci : dépouiller le peuple pour solder des satellites. Cette funeste politique n'a toujours que trop bien réussi.

Cependant la duchesse douairière de Bourgogne, qui était une York et qui détestait Henri VII, suscita encore contre lui un autre imposteur nommé Perkin, auquel elle apprit à faire le personnage du duc d'York, frère ca-

1492.

det d'Edouard V et assassiné comme lui. Reconnu d'abord en Irlande, Perkin réunit bientôt un parti. Henri fit publier des preuves de l'imposture, et fit exécuter Stanley, son chambellan, qui l'avait trahi. L'audacieux Perkin, débarqué avec six cents hommes, fut repoussé par les habitans de Kent. Reçu, à l'instigation de Charles VIII, chez le roi d'Ecosse, dont il épousa une parente, il tenta encore une invasion, mais en vain. Enfin il se livra, fut mis à la Tour, d'où il essaya de s'échapper avec Warwick, son compagnon 1499. de captivité, et fut puni de mort. L'infortuné Warwick subit le même supplice.

1509.   Lorsque Henri VII mourut, il était un des puissans et des riches monarques de l'Europe. Il avait adroitement tiré parti des dangers pour maintenir le subside de bienveillance. Mais son despotisme fiscal causa en 1497 une révolte qui menaça Londres : il la dissipa habilement. Il fit beaucoup de lois pénales. Ce fut lui qui, étant menacé par Perkin, fit passer le statut portant que nul ne serait recherché pour avoir soutenu le roi régnant ; loi fort inutile quand celui qui a supplanté le *roi régnant* est chargé de son exécution.

Henri VII maria sa fille au roi d'Ecosse. Son fils cadet épousa Catherine, fille de Ferdinand d'Aragon , déjà veuve de l'aîné. Nous verrons quelles suites eurent ces deux alliances.

Henri VIII. Son divorce. Schisme de l'Eglise anglicane.

Comme je l'ai dit, tout marche de front en Europe. Les progrès de l'état social et de la civilisation y sont à peu près les mêmes partout, envisagés sous un point de vue général. L'émancipation des habitans des villes a précédé la ruine du gouvernement féodal, qui s'est démoli pièce à pièce ; l'affranchissement des serfs des campagnes l'a suivie , et s'est consommé peu à peu. La royauté, en présence d'un peuple encore étonné de ne plus sentir les fers de l'esclavage, s'est trouvée forte contre lui et contre l'aristocratie. Elle a voulu

les opprimer l'un et l'autre ; elle y a
réussi avec de l'argent et des soldats.
Le douzième siècle fut celui des communes : les treizième et quatorzième
ceux des tentatives de liberté parlémen-
taire ; dans les quinzième et seizième la
royauté féodale tomba et fit place au
pouvoir absolu. En Angleterre , la révolution des communes et du parlement
se fit sous les Plantagenets ; sous les
Lancastres et les Yorks , la chute de la
royauté féodale prépara les voies au
despotisme qu'établirent les Tudors.

1509.   Le jeune Henri s'annonça comme
Néron sous d'heureux auspices. Il était
doux, affable, généreux , ami des lettres et des arts. Les guerres d'Italie
bouleversaient l'Europe d'alors et rui-
naient la France. Henri s'unit aux ennemis de celle-ci , envahit la Picardie ,
1513. où les Français furent vaincus à Guine-
gate , et se retira sans avoir profité de
cet avantage. Les Ecossais furent bat-
tus alors à Flodden par les Anglais. La
paix fut conclue , et Louis XII épousa
la sœur de Henri VIII.

Louis XI , le créateur de la politique

du despotisme dans l'Europe moderne, avait montré aux rois de ce temps à frapper et abaisser la féodalité avec des ministres tirés de la classe populaire. C'étaient des instrumens plus faciles à briser. Henri VIII éleva ainsi Wolsey, fils d'un boucher, au faîte du pouvoir et de la fortune. Les rois voisins captaient l'amitié de ce cardinal, qui avait plusieurs évêchés, des revenus et un faste immenses. François Ier 1518. le gagna d'abord, Charles-Quint le gagna ensuite; il devint légat, il établit 1519. une cour ecclésiastique dont les attributions ressemblaient à celles de l'inquisition, et aspira à être pape. Charles-Quint le flatta de cette espérance, et, après la fameuse entrevue de François Ier et de Henri, parvint à faire 1520. tourner celui-ci contre la France. La guerre s'engagea. Les Anglais pénétrèrent en Picardie, puis se retirèrent faute d'argent. Henri, irrité de l'indocilité du parlement, resta sept ans sans le convoquer et imposa lui-même des taxes énormes. Bientôt il prit ombrage de la puissance de Charles; Wolsey s'aperçut que celui-ci le trompait. Rupture : alliance avec la France alors que François était prisonnier. Deux traités furent conclus successivement contre l'empereur. Ici commença une inimitié qui, jointe à un désordre de ménage, a contribué à changer le sort de l'Angleterre.

Le luthéranisme, s'établissant alors dans le nord de l'Allemagne, excitait la même inquiétude et la même haine chez les prêtres et les rois, qu'aujourd'hui le libéralisme. On préparait contre les peuples et les princes protestans une guerre semblable à celle qu'on fait de nos jours aux états constitutionnels; et les états protestans ont résisté et survécu. Il en sera encore de même, car toutes les révolutions survivent. L'empereur soutenait le catholicisme par sa puissance, le pape le défendait par des conciles. Henri VIII, qui avait la manie d'être théologien, combattait Luther avec sa plume ; il avait même reçu de Léon X le titre de défenseur de la foi. Mais ses argumentations n'empêchèrent pas les semences de réforme laissées par

les Lollards de germer en Angleterre, et ses propres passions servirent à préparer le terrain.

Il n'aimait plus Catherine d'Aragon ; 1527. il ne craignit pas de demander une bulle de divorce contre cette princesse, tante de l'empereur, pour épouser Anne Boleyn, fille d'un simple gentilhomme. Clément VII agit d'abord avec prudence et lenteur. L'impatient Henri, à qui la reine opposait une résignation douce mais obstinée, soupçonna Wol- 1529. sey de la favoriser, et fit accuser par le parlement cet ex-favori, qui mourut de chagrin. Mais Rome, soutenue par Charles-Quint, différait toujours. Un docteur en théologie, Thomas Cranmer, proposa d'en référer aux universités de l'Europe. Elles décidèrent toutes que le mariage d'un frère avec la veuve de son frère était incestueux, conformément à un passage du Lévitique, dont s'autorisait Henri VIII. En vain la reine avait protesté que son premier mariage n'avait jamais été consommé. Henri, appuyé du parlement, qui montrait déjà beaucoup d'aversion pour le joug de Rome et d'indépendance des préjugés religieux, intimida le clergé en le rançonnant fortement, et se fit

1531. déclarer *protecteur et chef de l'Eglise d'Angleterre.* Cité devant le pape, il

1533. refusa de comparaître, créa primat Cranmer, qui approuva son nouveau mariage, et fit couronner Anne Boleyn.

Cependant il restait quelque espoir de raccommodement. François Ier offrait sa médiation. Henri dépêcha à Rome une réponse pacifique ; le courrier, qui était attendu à un jour fixé, n'arriva que deux jours après le terme

1534. fatal, et la sentence d'excommunication venait d'être fulminée par le pape. De ce moment l'Angleterre fut perdue pour le saint siége, qui l'avait si long-temps trouvée docile. La nation, le parlement, le clergé lui-même, s'unirent pour le schisme et le patriarchat royal. Le nouveau mariage fut confirmé encore, et un acte donna au roi le titre de *chef suprême* de l'Eglise anglicane, avec toute l'autorité spirituelle et même temporelle du pape, ce qui enrichissait le trésor royal des annates et décimes que percevait la cour de Rome dans le pays.

Tyrannie religieuse , politique et conju-
gale de Henri VIII.

La position de Henri VIII était singulière. Il était à la tête d'un schisme
et il haïssait les protestans, qu'il avait,
comme théologien , combattus dans un
mauvais livre , et dont il détestait ,
comme roi, l'esprit de liberté. Il les fit
brûler alors même qu'il résistait au
pape. Cependant la jeune reine , Cranmer et le secrétaire d'état Thomas
Cromwell , intercédaient pour eux.
D'un autre côté les prédicateurs catholiques et les moines attaquèrent violem-
ment le roi et agirent sur les esprits
superstitieux par de faux miracles et des
convulsions. On sévit aussi contre eux.
Le cardinal Fisher fut mis à mort. Le 1535.
chancelier Thomas More , homme
probe , mais d'un esprit peu élevé , auteur de l'*Utopie,* ayant également refusé
de prêter serment à la *suprématie* religieuse du roi , subit le même sort. Un

nouveau pape fulmina une nouvelle excommunication, cassa le mariage, mit
le roi hors du droit des gens, et livra
l'Angleterre au premier occupant. C'é-
tait désigner l'empereur Charles-Quint,
dont l'ambition, les ressentimens et la
puissance, pouvaient seconder la colère
1536. papale. Cependant Catherine d'Aragon
vint à mourir. L'empereur, oubliant
ses griefs, essaya de renouer l'alliance
de Henri, dont il avait besoin contre
François Ier; mais il essuya le refus du
monarque implacable.

Alors Henri penchait du côté des protestans, et faisait surtout la guerre aux
moines, qui portaient toute sa haine
comme défenseurs de la puissance du
pape. Il fit visiter les couvens pour y
chercher les abus et les désordres. Il ne
fut pas difficile d'y en trouver; c'étaient
les asiles de la débauche et de la superstition la plus grossière. Tout fut publié pour exciter l'horreur de la nation.
Une assemblée du clergé séculier prit
une mesure plus décisive en faveur
des protestans. Ce fut d'ordonner la
publication d'une traduction révisée de

la Bible, dont les ultramontains proscrivaient la lecture.

Cependant l'amour du roi pour Anne Boleyn s'affaiblit quand il n'éprouva plus d'obstacles ; ou plutôt l'inconstant Henri sentit alors le besoin du changement. La fille d'honneur, Jeanne Seymour, lui inspira la plus violente passion, et la malheureuse Anne fut bientôt accusée d'infidélité. Henri, qui la crut ou voulut la croire coupable, la fit condamner, exécuter, et épousa Jeanne le lendemain du supplice. Elisabeth, fille d'Anne, fut déclarée bâtarde, ainsi que l'avait été Marie, née du premier mariage. Le clergé et le parlement approuvèrent tout ; celui-ci s'avilit par des concessions qui équivalaient presque à la reconnaissance de la royauté absolue. Le clergé ratifia un bizarre assemblage d'articles de foi révisés par Henri, qui conservait la présence réelle, la confession, le culte des images, et beaucoup de croyances et cérémonies anciennes à côté des innovations de la réforme et du schisme. Ce roi voulait surtout être le despote des consciences.

Ces actes firent murmurer la nation. Des catholiques s'insurgèrent sous la conduite de leurs prêtres, et prirent York ; mais ils furent dispersés, et d'autres soulèvemens furent sévèrement punis. La suppression des monastères fut poursuivie avec activité, les fausses reliques et les statues à ressorts furent signalées au peuple, et les biens immenses des moines servirent à fonder six nouveaux évêchés ou à entretenir les prodigalités d'un roi qui ne ménageait rien. Une nouvelle bulle foudroyante attira d'autres persécutions sur les personnes suspectes d'adhérer à l'Eglise romaine. Six articles de foi, approuvés par un parlement non moins esclave que les précédens, furent imposés aux Anglais sous peine du feu, du gibet ou de la prison. On les appela *le statut de sang*. Ce parlement abdiqua l'ombre de participation législative qui lui restait, en donnant force de loi à tous les édits que ferait le roi seul.

Jeanne Seymour était morte. Le dévot Henri, qui aimait mieux tuer une reine que d'avoir une maîtresse, ne pouvait se passer d'une femme. Sur la foi d'un portrait flatteur, il épousa 1540. Anne, fille du duc de Clèves, prince protestant; mais dès qu'il vit la princesse, il songea au divorce. Son vicaire général, Thomas Cromwell, qui avait fait ce mariage, fut jugé et mis à mort. Anne de Clèves fut répudiée sous prétexte qu'elle avait déjà été fiancée une fois, et Catherine Howard lui succéda. Mais on vint à découvrir que cette nouvelle reine avait eu quelques faiblesses. Le scrupuleux Henri voulut des preuves; on n'en trouva que trop. La reine fut décapitée, et presque tous 1542. ses parens subirent le même sort pour n'avoir pas révélé à temps sa conduite passée. Le parlement fit une loi qui punissait de mort, 1° toute reine qui, supposée vierge avant le mariage, serait convaincue de ne l'avoir pas été; 2° quiconque n'avertirait pas le roi des infidélités de la reine. Pour éviter sans doute de mettre à l'épreuve sa terrible exigence sur la virginité des filles, deux ans après il épousa une veuve. C'était Catherine Par.

Il faut raconter un fait qui peint bien le roi théologien. La reine, qui par les soins les plus attentifs soulageait les infirmités du monarque et calmait l'acrimonie de son humeur, était obligée de soutenir les discussions théologiques qui étaient un besoin pour lui. Un jour, dans la chaleur de la controverse, il échappa à la pauvre Catherine quelques mots qui semblaient trahir son penchant secret pour la réforme. Henri, aussi intraitable en matière d'hérésie que de fidélité ou de virginité, fit dresser et signa un acte d'accusation. La sixième femme de ce roi scrupuleux allait sans doute périr sur un bûcher, lorsque par bonheur l'acte tomba de la poche du chancelier et fut ramassé par un des amis de la reine. Suffisamment avertie, elle insinua habilement à son rigide époux qu'elle partageait tous ses sentimens religieux, et qu'elle se trouvait heureuse d'être sous la direction d'un si savant théologien. Henri, transporté de joie d'une docilité orthodoxe qui flattait tant son amour-propre, s'écria : *Vraiment, vous voilà devenue un docteur; mon cher cœur, nous sommes toujours amis.* Une autre discussion théologique entre le roi et un de ses sujets, pauvre maître d'école nommé Lambert, avait fini d'une manière moins heureuse. Cet homme, cité devant les évêques pour avoir nié la présence réelle, en appela au roi lui-même, qui soutenait ce dogme avec prédilection. Henri accepta vivement le défi ; la controverse eut lieu dans la salle de Westminster en présence du clergé et de toute la cour. L'argumentant couronné était sur un trône et applaudi par toute l'assemblée. Il crut enfin terrasser son adversaire en lui proposant, par un dernier dilemme, de reconnaître la présence réelle ou d'être brûlé vif. Mais Lambert riposta par une raison contre laquelle vient échouer la logique des tyrans : il accepta le bûcher. On l'y fit mourir cruellement ; Henri VIII s'applaudit néanmoins d'avoir fait triompher sa thèse.

Ce fut sous ce règne que Patrice Hamilton, jeune lord écossais, de retour de son voyage d'Europe dans sa patrie, y propagea la réforme, et fut brûlé. Son dénonciateur mourut bientôt après lui, et cette circonstance, qui frappa les esprits superstitieux de ce temps, contribua beaucoup à multiplier les prosélytes. Henri VIII forma alors le projet de détacher l'Ecosse de l'Eglise romaine, et, par ce moyen, de préparer son union politique avec l'Angleterre. Mais le roi Jacques Stuart, après s'être d'abord prêté à ces vues, cédant aux sollicitations de son clergé, ne se rendit point à une conférence où l'attendait Henri. Celui-ci, furieux, porta en Ecosse une

1543. guerre qui n'eut point de résultat décisif, si ce n'est un traité par lequel on convenait de marier Edouard, fils de Henri VIII, avec la jeune Marie Stuart, unique héritière d'Ecosse. Ce traité, dont le but était l'union des deux royaumes, fut bientôt annulé par le primat et les catholiques écossais. Une ligue avec Charles-Quint contre François Ier qui, de son côté, était allié à l'Ecosse, précéda une guerre non moins inutile, qui n'aboutit guère qu'à la prise de Boulogne, et qui coûta des sommes énormes. Mais Henri, pour trouver de

l'argent, n'avait pas même besoin de
son docile parlement : il en avait obtenu
un décret qui le dispensait de rembour-
ser un emprunt. Les impôts levés arbitrairement s'appelaient toujours *bienveillances*.

Pour achever de peindre ce règne,
l'un des plus singuliers de l'histoire,
il faudrait parler des divers sermens
que le bizarre tyran exigea de ses sujets
à toutes les époques où il lui plut de
modifier la religion ; car il aimait à faire
des articles de foi et des prières comme
les autres rois des ordonnances. Les catholiques ainsi que les protestans furent
victimes de son despotisme religieux.
La comtesse de Salisbury, dernier reje-
ton des Plantagenets, Anne Ascue, amie
de la reine, et beaucoup d'autres personnages périrent sur l'échafaud. Le duc
de Norfolk, condamné pour avoir dit
que le roi malade n'avait pas long-
temps à vivre, allait y monter avec son
fils, lorsque sa prédiction s'accomplit.
Personne n'osait avertir ce monstre de
sa fin de peur d'être puni comme traître,
en vertu d'un statut du parlement. Ce-

pendant un conseiller se dévoua, et
1547. Henri eut le temps de faire son testament.

Quand on lit l'histoire d'un tyran,
on s'étonne ordinairement que les peuples aient pu le supporter long-temps;
quand on a parcouru celle de Henri VIII,
on ne peut le concevoir. Les lois étaient
plus que des piéges tendus à tous les
citoyens : c'étaient des dilemmes sanglans qui ne leur laissaient aucune issue,
car elles punissaient le pour et le contre. Ce fut un crime de regarder comme
valides les deux premiers mariages du
roi. C'en fut un de regarder comme
illégitimes les princesses nées de ces
mariages. Quand on était interrogé sur
ces questions à deux tranchans, le silence même était un crime de haute
trahison. Comment les Anglais, ce peuple si prompt à la révolte et si jaloux de
sa liberté, ont-ils pu endurer patiem-
ment, pendant trente-sept ans, une tyrannie capricieuse toujours en contra-
diction avec elle-même et qui opprimait
jusqu'à la conscience? Cela ne peut
s'expliquer que par une profonde cor-

ruption et une grande indifférence religieuse dans les classes supérieures.

Edouard VI. Protectorat de Somerset. Etablissement de la réforme.

Par son testament, Henri VIII avait 1547.
institué seize exécuteurs, et douze conseillers pour gouverner pendant la minorité d'Edouard, enfant qu'il avait eu
de Jeanne Seymour. Mais l'oncle ma-
ternel de ce jeune roi parvint à se faire
nommer protecteur, et duc de Somerset. C'était un zélé protestant; il fit élever le roi dans les nouvelles doctrines,
et se fit revêtir par lui de tout le pouvoir royal, qu'il employa avec une infatigable activité à propager la réforme.
Le primat Cranmer lui persuada de ne
rien brusquer. Somerset, en vertu du
pouvoir législatif religieux créé par
Henri VIII, fit plusieurs réglemens
ecclésiastiques, réprima le zèle des prédicateurs catholiques, et fit visiter les
diocèses par de prudens réformateurs.

La réforme pénétrait plus difficile-
ment en Ecosse où le clergé et la cour
étaient unis contre elle. Somerset y mar-

cha à la tête de dix-huit mille hommes, afin de réaliser le projet de mariage d'Edouard avec la jeune Marie Stuart. Les Ecossais, conduits par leurs moines et leurs prêtres, avaient horreur d'une union avec un pays schismatique. Ils livrèrent bataille à Musselburgh et y perdirent dix mille hommes. Mais Somerset ne put suivre cet avantage ; il revint à Londres où ses envieux tramaient sa perte. Pour donner plus de crédit à son pouvoir, il convoqua le parlement, fit annuler les lois les plus odieuses de Henri VIII, et le statut des six articles, si contraire à la réforme. 1548. Elle prit alors un plus grand essor. Les messes privées furent abolies, les images et la plupart des cérémonies du catholicisme furent proscrites ; l'élection des évêques fut attribuée à la royauté. Cependant on tenta , mais en vain, d'interdire les prédications, qui étaient un besoin pour le peuple. L'année suivante, le parlement décréta que la messe serait célébrée en langue vulgaire, fixa la liturgie et permit le mariage aux prêtres. Mais l'intolérance régnait toujours.

On brûlait ceux qui doutaient des mystères que la réforme admettait. Le jeune Edouard, cédant aux instances de Cranmer, lui dit en signant une sentence de mort : *Si je fais mal, vous en serez responsable.*

Cependant la guerre continuait en Ecosse au désavantage de l'Angleterre, parce que les cabales menaçaient de plus en plus le protecteur. Son frère, l'ambitieux Thomas Seymour, l'un de ses plus ardens ennemis, avait épousé la veuve d'Henri VIII; puis l'ayant perdue, il élevait ses vues jusqu'à la princesse Elisabeth. Il se faisait des partisans et comptait déjà sur une petite armée, quand Somerset le fit mettre en jugement après avoir essayé toutes les voies de douceur. Ce procès ne fut pas très-régulier, mais les preuves étaient suffisantes ; Thomas fut exécuté en vertu d'un bill d'*attainder* passé en parlement. Cependant Somerset n'était pas tiré d'embarras. Des prêtres catholiques avaient soulevé les paysans de Devon et de Norfolk. On les châtia ; mais les Ecossais leur succédèrent, et la France reprit l'offensive. Manquant d'appui au dehors, Somerset avait à combattre au dedans la faction puissante de Dudley, comte de Warwick, qui l'avait excité à perdre son frère pour le perdre lui-même à son tour. Presque tout le conseil l'abandonna et le noircit dans l'esprit du roi. Emprisonné et accusé, il s'agenouilla devant le conseil en avouant son tort d'avoir été ambitieux et puissant. Son ennemi lui fit grâce d'abord, mais deux ans après le fit exécuter comme coupable d'avoir formé des projets de vengeance qu'il confessa. Somerset fit sur l'échafaud l'exposé de sa conduite politique et des services qu'il avait rendus à l'église réformée. Le peuple ému allait se soulever en sa faveur, lorsqu'il l'exhorta à se mettre avec lui en prières et présenta sa tête au bourreau.

Cet homme n'occupe pas le rang qu'il mérite dans l'histoire. Il fut réellement le fondadeur de l'église anglicane. Il faut remarquer que trois protecteurs dirigèrent les trois principales révolutions d'Angleterre : Simon de Leicester,

qui joua le rôle de protecteur, fit la révolution représentative ; Somerset, la
révolution religieuse, que Henri VIII
avait préparée par le schisme ; Cromwell s'empara de la révolution politique.

Warwick, qui se plaça à la tête du 1550.
conseil de régence, se déclara pour les
protestans et suivit le système de son
prédécesseur. Il eût été dangereux d'en
changer ; les choses étaient trop avan-
cées, et c'était dans la réforme qu'était
la force. Gardiner et d'autres évêques
qui tenaient pour les six articles de
Henri VIII furent déposés ; les missels
et les livres du rite romain furent dé-
truits. Warwick, qui se fit donner le titre
de duc de Northumberland, se montra
bientôt plus absolu que Somerset. La
chambre des communes ayant demandé
qu'un évêque accusé de trahison, parce
que le duc convoitait ses revenus, pût
se défendre et être confronté avec les
témoins, fut dissoute. On en convoqua 1553.
une autre avec ordre aux shériffs de diriger les élections au gré de la cour. Une
chambre servile fit déposer l'évêque.
Northumberland signala encore son

ambition en mariant son fils Dudley à Jeanne Gray, petite-nièce de Henri VIII, appelée au trône après les deux princesses. Puis il parvint à déterminer Edouard à signer des lettres qui excluaient celles-ci. Ce jeune roi, bon, studieux, ami de la justice et zélé pour la réforme, mourut à seize ans.

Marie. Jeanne Gray. Réaction catholique.
Philippe II.

1553. La fille d'Henri VIII et de Catherine d'Aragon, Marie, arrivait au trône par droit héréditaire. Northumberland voulait y placer Jeanne Gray, presque sans son aveu. Après avoir vaincu sa répugnance, il l'avait déjà proclamée et conduite à la Tour, résidence des nouveaux rois, lorsque Marie, dont le droit était moins incertain, s'échappa, se rendit en Suffolk, et détruisit les préventions du peuple contre elle, en promettant de ne point toucher aux lois d'Edouard VI en faveur de la réforme. Northumberland, abandonné des siens et arrêté, se soumit en demandant la vie comme avait fait Somerset. Mais ce fut en vain

qu'il se dit catholique sur l'échafaud.
L'exécution de Jeanne Gray et de son
mari, qui avaient à peine dix-sept ans,
fut ajournée.

Marie se voyant bien assurée, commença à réaliser son plan de rétablissement de la religion romaine. Les
évêques persécutés furent mis en faveur, Cranmer et les prélats protestans disgraciés ou emprisonnés. Gardiner fut fait chancelier. On célébra une
messe en latin à l'ouverture du parlement : les membres des communes
étaient la plupart catholiques, et les
lords n'avaient d'autre religion que celle
de la cour. Les statuts d'Edouard furent
abolis, la messe fut rétablie partout,
et le serment de suprématie supprimé.
C'était préparer le replacement de
l'Angleterre sous le joug de Rome. Pour
consommer le triomphe du papisme, il
fallait une plus grande force politique.
On la trouva. On négociait le mariage
de la reine avec Philippe, fils de Charles-
Quint ; la chambre basse, qui s'opposait
à ce projet impopulaire, fut dissoute ; le 1554.
mariage fut conclu. Marie devait avoir

seule la puissance royale ; les lois et coutumes du royaume devaient être conservées. Mais la nation comprit qu'elle se plaçait sous une dépendance étrangère : elle ne se trompait pas. Un soulèvement dirigé par Wyat fut réprimé. Les chefs, et entre autres le duc de Suffolk, père de Jeanne Gray, furent mis à mort. Cette jeune princesse, que ses vertus, sa beauté et sa rare instruction rendaient si digne d'intérêt, le précéda, avec son mari, sur l'échafaud. Elisabeth en fut quitte pour la persécution. Le peuple fut désarmé, les prisons se remplirent ; l'empereur envoya de l'or pour corrompre le parlement, dont la bassesse semblait déjà céder à l'indignation.

Philippe arriva après s'être fait longtemps attendre de l'inquiète et ardente Marie. Ses hauteurs et son faste accrurent l'aversion des Anglais. Mais il fallait bien se résigner. Un parlement un peu indocile fut cassé : on fit élire une chambre catholique et servile. Le cardinal Pole, proscrit par Henri VIII comme agent du pape, fut rappelé ; le

parlement invoqua la réconciliation avec
le saint siége, et l'absolution pour le
schisme. Gardiner, qui s'était plié à tous
les caprices religieux de Henri VIII, fut
le plus violent promoteur de rigueurs.
Les bûchers furent rallumés contre les 1555
protestans. Dans trois ans il y eut deux
cent soixante-dix-sept victimes, prélats,
femmes, enfans. Une femme accoucha
sur le bûcher; les gardes voulaient sauver l'enfant. Le magistrat catholique le
fit rejeter dans les flammes, disant qu'il
était condamné avec sa mère. Une espèce d'inquisition avait été établie. Bon-
ner, évêque de Londres, en était le plus
sanguinaire bourreau. Un soupçon, un
livre défendu, le refus de signer un ar-
ticle ou d'aller à la messe, conduisaient
à la mort. La princesse Elisabeth ne put
échapper à la haine fanatique de sa sœur
que par sa grande prudence, sa vie re-
tirée et studieuse, et la pratique extérieure du catholicisme. La politique de
Philippe la sauva aussi et la fit même
sortir de prison. En effet Marie Stuart,
petite-nièce de Henri, arrivait au trône
après elle, et comme elle allait épouser

9.

le dauphin, il pouvait s'ensuivre la réunion de la France à l'Angleterre, ce qui ne convenait point au monarque espagnol.

1557 Charles - Quint avait abdiqué. Philippe II entraîna l'Angleterre dans une guerre contre la France. Le désastre de Saint - Quentin fut réparé par la reprise de Calais sur les Anglais. Le mariage de Marie Stuart donna à la France un point d'appui pour remuer l'Angleterre. Pendant ce temps la politique aveugle et avide des ultramontains continuait ses envahissemens. Le pape redemandait à la couronne tous les biens de l'église, et Marie les rendait en disant : *Je préfère le salut de mon âme à dix royaumes comme l'Angleterre.* Les communes, qui accordaient avec peine des subsides à une reine qui sacrifiait ainsi toutes les ressources de l'état, étaient de nouveau dissoutes. Leurs membres, dépouillés de leurs priviléges, étaient cités devant le *banc du roi*, alors tribunal dépendant. Le vertueux primat Cranmer, fauteur principal du schisme, puis de la réforme, passait de la prison, où il languissait, à l'échafaud ; et Pole montait sur le siége de Cantorbery. On vendait les domaines de la couronne : on faisait des emprunts ruineux. Heureusement une fièvre chaude emporta Marie. Cette femme fanatique était consumée par la haine, la jalousie et le dépit d'être sans enfans. Elle est le Jacques II de la révolution religieuse.

Elisabeth. Rétablissemnt de l'Eglise anglicane. Knox. Réforme écossaise. Marie Stuart.

Voici encore une femme sur le trône 1558. d'Angleterre , et c'est l'une des plus fameuses qui aient monté sur aucun trône. Son règne est une des grandes époques de cette histoire. Elisabeth avait vingt-cinq ans. L'étude, la retraite et l'éducation du malheur, avaient développé son esprit peu ordinaire. Son avénement fut accueilli avec joie, parce que ses opinions étaient présumées conformes aux opinions dominantes. Elle remercia le ciel de l'avoir sauvée, et pardonna à ses ennemis. Philippe II , qui perdait l'Angleterre avec peine, lui fit des propositions de mariage qu'elle n'accepta pas. Néanmoins, agissant d'abord avec prudence, elle notifia son avénement au pape, qui reproduisait les hautaines prétentions de ses prédécesseurs, et lui prescrivait de demander pardon au saint siége. Elle se raidit : l'Angleterre fut encore soustraite au joug romain.

Elisabeth songea alors à rétablir la réforme graduellement et avec une sage lenteur. Le parlement reconnut la suprématie spirituelle de la reine : voilà pour le schisme. Les protestans furent mis en liberté et introduits au conseil ; la Bible fut recommandée, quelques prières intercalées en anglais, l'élévation de l'hostie interdite ; on rétablit les statuts d'Edouard VI, puis on abolit la messe et la liturgie romaine : voilà pour la réforme. Les évêques, hors un, catholiques prononcés, refusèrent de prêter le serment, et furent changés. Presque tous les curés le prêtèrent, ce qui prouve qu'ils n'étaient catholiques qu'extérieurement.

Cependant les Guises, oncles de la jeune reine de France, Marie Stuart, l'excitaient à manifester des prétentions: elle prenait déjà le titre de reine d'Angleterre. Mais d'un autre côté la réforme, qui avait en Écosse l'origine et le caractère populaires, y devenait un moyen de troubles dont Élisabeth profita. Knox, revenu de Genève où il avait été endoctriné par Calvin, exalta les têtes par ses prédications. Les novateurs puisaient dans la Bible une foule d'images et d'exemples. Ils se croyaient les Israélites armés contre les Cananéens; ils pillaient les églises comme des temples voués à l'idolâtrie de Baal et de Moloch, et ils s'appelaient les enfans de Dieu. Une armée envoyée par Élisabeth pour les soutenir obligea les auxiliaires français de se retirer. Un conseil de douze fut établi pour gouverner l'Écosse dans l'absence de Marie. Le parlement écossais rassemblé extraordinairement abolit la religion romaine et même la hiérarchie, et n'admit que des prédicateurs conformément au presbytérianisme.

Ici l'histoire d'Écosse commence à se lier si intimement à celle d'Angleterre qu'il faut les suivre de front. Marie devenue veuve se vit obligée de quitter la France. Elle se trouva en Écosse dans une situation périlleuse ; son catholicisme la mettait en butte à la haine de ses sujets. Elle fit des avances à Elisabeth qui parut se réconcilier avec elle, sans vouloir la reconnaître comme son héritière. Une reine jeune, instruite (dans ce siècle où les dames savaient les langues anciennes) et d'une beauté ravissante, comme était Marie Stuart, devait, indépendamment de la rivalité politique, inspirer de la jalousie à une reine jeune aussi, très-coquette, et pouvant prétendre à la beauté. Marie se décida à épouser son cousin Henri Stuart, lord Darnley, pour se conformer aux vœux des lords écossais. Bientôt elle eut à s'en plaindre, et le piémontais Rizzio, à qui elle donna sa confiance, fut assassiné sous ses yeux. Le roi Henri, à qui l'on attribuait ce crime avec raison, se retira de la cour. Le comte de Bothwell devint le favori de Marie. Elle sembla se réconcilier avec le roi, et l'on apprit un jour que celui-ci était également assassiné. Les meurtriers furent impunis, et Marie, enlevée en apparence par Bothwell, qui était évidemment le ministre de cette vengeance, l'épousa quoiqu'il fût marié à une autre femme.

Tant de désordres et de crimes attirèrent sur Marie l'horreur et le mépris des Écossais. Ils se révoltèrent, Bothwell s'enfuit; Marie tomba entre leurs mains, fut conduite prisonnière à Édimbourg, et contrainte d'abdiquer en faveur de son fils, Jacques VI. Cette révolte était surtout religieuse. Le comte de Murray, un des chefs du parti protestant, fut nommé régent par un autre acte arraché à Marie. Mais elle s'échappa et réunit six mille hommes; Murray les battit à Glascow. Alors elle alla demander un asile à Élisabeth, qu'elle prit pour arbitre entre elle et ses sujets. Murray vint avec quelques autres se porter son accusateur au nom de sa nation. L'affaire s'instruisit; mais, en attendant, la politique Élisabeth, sans paraître

prendre parti, saisit l'occasion de re-
tenir sa rivale prisonnière. Ce fut
une captive bien embarrassante : ses
charmes, son malheur, ralliaient à elle
des partisans mus par un sentiment chevaleresque, et elle servait de motifs aux
complots des catholiques. Le duc de
Norfolk, le plus puissant seigneur d'Angleterre, se flattant de l'épouser, fit,
pour la délivrer, une conspiration qu'on
découvrit à temps. Élisabeth lui pardonna. Deux ans après il conspira encore dans la même intention, d'intelli-
gence avec l'Espagne. Mais cette fois il
fut puni de mort. Le parlement demanda qu'on jugeât Marie : Élisabeth
se contenta de la traiter plus durement.

Ce n'était pas la dernière conspiration qui devait menacer la reine. Pie V,
ci-devant grand-inquisiteur, qui voulait jouer le rôle de Grégoire VII, l'a-
vait excommuniée en déliant les Anglais
de leur fidélité. Suivant la doctrine jé-
suitique qui s'accréditait alors, c'était
une œuvre pie de tuer un prince excommunié ou seulement peu agréable au
saint siége. D'un autre côté les *puri-*

tains, presbytériens rigides et exaltés, qui condamnaient les anglicans comme n'étant pas entièrement détachés de *l'idolâtrie romaine*, n'étaient pas moins favorables à cette doctrine du *tyrannicide*.

Dans ce temps le massacre de la Saint-Barthélemi venait d'exciter l'horreur surtout de l'Europe protestante. Élisabeth secourut avec son trésor les religionnaires de France et des Pays-Bas. La république de Hollande implora son alliance, qu'elle accorda. Philippe, irrité, voulut se venger en dirigeant une entreprise sur l'Irlande, dont les habitans étaient toujours sous la dépendance des prêtres catholiques; mais il échoua, et quinze cents Irlandais furent victimes de cette tentative. Pour mieux résister à Philippe, Élisabeth songea à s'unir à la France. Des propositions de mariage entre elle et le duc d'Alençon, frère de Henri III, avaient été faites; elles furent renouvelées. Tout était conclu, et la reine allait épouser, contre le vœu bien prononcé des Anglais, ce prince catholique, qui lui inspirait une assez

1580.

1582.

vive passion, si les représentations élo-
quentes du célèbre Philippe Sidney ne
l'en eussent détournée. La religion et
la crainte de voir l'Angleterre devenir
province française, si les deux couronnes étaient jamais réunies (1), mili-
tèrent puissamment contre ce mariage.

Cependant les troubles continuaient
en Écosse. Le jeune Jacques VI voulait
régner. Quoique élevé dans la foi protestante, il se laissa diriger par des
catholiques. Le régent Morton, protestant, fut exécuté comme coupable d'a-
voir médité de tuer le roi de l'aveu
même de Marie sa mère. Les prédicateurs firent soulever le peuple, et le roi
fut fait prisonnier. Marie, accablée par
les ennuis et les rigueurs d'une longue
captivité dans laquelle on lui interdisait
l'exercice de sa religion, implora d'Élisabeth les moyens de communiquer
1584. avec son fils, au prix de tous ses droits;

----

(1) Cette crainte avait déjà existé sous
Edouard III, dont les succès en France furent souvent arrêtés par les refus de subsides
du parlement.

mais ce fut en vain. Des complots contre la reine, où était compromis le nom de Marie, furent encore éventés. Le parlement insista de nouveau pour qu'on sévît. Philippe avait établi en Flandres des séminaires tenus par les jésuites pour l'éducation des catholiques anglais: c'étaient des foyers de conspirations. Alors on ne garda plus de mesures en Angleterre; on en chassa les jésuites et leurs élèves, à moins que ceux-ci ne fissent soumission. Le catholicisme fut entièrement proscrit. Cinquante prêtres furent exécutés en dix ans. Une cour de haute commission, sorte d'inquisition protestante instituée par le parlement, recherchait les dissidens, et les jugeait avec célérité. La découverte d'un projet d'assassinat confié par les jésuites au fanatique Parry dut accroître ces rigueurs.

Guillaume de Nassau, fondateur de la liberté des Provinces-Unies, étant tombé sous le poignard d'un autre fanatique, elles offrirent leur souveraineté à Henri III, qui ne se crut pas assez fort pour l'accepter, puis à Élisabeth, 1585. qui consentit du moins à se liguer avec elles. Leicester, son favori, passa dans les Pays-Bas avec une armée. La guerre s'étendît jusqu'en Amérique, où l'audacieux navigateur Drake enleva diverses places aux Espagnols. Pendant ce temps l'Écosse était toujours agitée. Jacques VI s'était échappé. Les agens d'Élisabeth éloignèrent encore les conseillers catholiques, et l'on signa un traité d'alliance pour assurer le protestantisme dans les deux royaumes.

Cependant les catholiques tentèrent un nouveau coup. Un jeune exalté nommé Babington, se dévouant pour tuer Elisabeth, écrivit à Marie et obtint son assentiment avec promesses; mais les lettres furent interceptées. Quatorze conjurés, dont sept qui avouèrent, furent exécutés. La fureur contre Marie fut au comble; on se décida enfin à la mettre en jugement. Refusant d'abord de comparaître, elle s'y laissa déterminer par la crainte de confirmer ainsi l'accusation. Les preuves furent nombreuses et terribles; on porta la peine de mort. Élisabeth triomphait secrètement; mais elle affectait encore de la modération et de l'intérêt. Elle convoqua le parlement pour obtenir la confirmation solennelle d'un jugement si grave. La France et l'Écosse s'interposèrent en vain. On prétexta de nouveaux projets d'assassinat; on sema des bruits d'insurrections catholiques pour motiver et pallier l'exécution. Marie, sur l'échafaud, protesta de son attache- 1587. ment à la religion romaine, et crut mourir en martyr. Quels que fussent les fautes ou les crimes de cette reine, sa mort a répandu sur elle un intérêt qui les fait oublier et une tache odieuse sur sa rivale. Mais la royauté absolue était si bien établie alors, que cet acte violent ne fit qu'assurer Élisabeth sur son trône. En outre la majorité de la nation était protestante, et c'était un coup de parti qui la faisait triompher. Le despotisme appuyé sur une majorité convaincue ou passionnée est toujours fort.

Politique extérieure d'Élisabeth. Puis-
sance de l'Angleterre. Gouvernement
despotique. L'Angleterre au seizième
siècle.

En apprenant la fin tragique de sa
mère, Jacques VI s'emporta d'abord en
plaintes et en menaces; mais il songea
qu'il devait ménager les Anglais, dont
il était appelé à être roi un jour. Le
courroux de Philippe II fut plus grave;
il médita une invasion en Angleterre,
et fit équiper dans ses ports du midi de
1588. l'Europe la fameuse flotte dite *Invin-*
cible. Élisabeth fit de son côté de grands
préparatifs; la nation déploya de l'é-
nergie et de l'enthousiasme; chacun fit
des sacrifices; la reine harangua les
troupes et enflamma leur courage. L'*In-*
vincible, qui comptait cent trente énormes vaisseaux et vingt-huit mille hommes, battue d'abord par la tempête, le
fut ensuite par la flotte anglaise, com-
posée de vaisseaux légers et agiles. Les
inquisiteurs espagnols se vengèrent de
cette défaite sur les hérétiques qui
étaient entre leurs mains. Un tel succès

inspira de l'audace aux Anglais. Des particuliers formèrent, avec l'assistance de la reine, le projet d'enlever le Portugal à Philippe; mais cette expédition trop précipitée échoua.

Après plusieurs années de repos, pendant lesquelles Élisabeth se borna à envoyer des secours à Henri IV contre la ligue, elle essaya de prendre à son tour l'offensive contre l'Espagne, qui tramait sans cesse de nouveaux complots. Une flotte alla surprendre et rançonner Cadix, après avoir battu la flotte espagnole. Quoique Henri IV fît à Vervins la paix avec Philippe, Élisabeth continua la guerre en faveur de la Hollande.

C'était en vain que le parlement avait réitéré à la reine ses prières pour qu'elle choisît un époux. Craignant sans doute de se donner un maître, et se plaisant à entretenir les ambitieuses espérances des courtisans, elle avait fini par défendre formellement qu'on lui témoignât un tel vœu. Au favori Leicester avait succédé le comte d'Essex, jeune homme issu de la maison royale, doué

de qualités brillantes, mais si peu ob-
séquieux envers son impérieuse maîtresse, qu'un jour dans une dispute elle
lui donna un soufflet. Des troubles sans
cesse renaissans dans l'Irlande, qui était
encore presque sauvage et coûtait cher
à l'Angleterre sans lui rien produire,
exigèrent une expédition. Essex s'en fit
1599. donner le commandement; il n'y réussit pas avec vingt mille hommes. Les
fanatiques Irlandais détestaient dans les
Anglais des protestans et des oppres-
seurs. Un autre gouverneur conduisit
mieux les affaires et finit par chasser
d'Irlande les auxiliaires espagnols. Essex fut mis en jugement par la vieille
Élisabeth, qui le fit acquitter, mais le
1600. disgracia. D'ambitieux projets le sédui-
sirent dans sa retraite. Il caressa en
même temps les puritains et les catholiques, noua des intrigues avec Jacques VI, et tenta avec deux cents
hommes de s'emparer de la reine; mais
le peuple ne le seconda pas, et il fut
pris. La reine lui eût encore pardonné
s'il eût invoqué d'anciens souvenirs;
mais il fut condamné et exécuté. Ba-

con, dont il avait été le bienfaiteur, plaida contre lui. Ce grand génie, si noble dans ses écrits, fut vil dans sa conduite. Il était avare et ambitieux.

Un noir chagrin s'empara d'Élisa-beth. La mort d'Essex hâta la sienne. Cette reine jalouse du pouvoir, en descendant au tombeau, ne pardonnait pas au roi d'Écosse de lui succéder. Il faudrait peindre sa vanité irritable, son culte pour sa figure, sa fausseté, sa violence, ses hauteurs, son despotisme ombrageux et minutieux qui s'étendait jusque sur les modes. Mais cette femme fut un monarque habile, ferme, à vues élevées, d'une rare économie, et qui fit de grandes choses avec peu. Le gouvernement, qui, sous Édouard, était dans les mains de la haute aristocratie, sous Marie dans celles d'une faction religieuse, redevint, comme sous Henri VIII, un despotisme royal, mais mieux réglé. Les dettes furent payées, la monnaie remise au titre, les arsenaux remplis. Le parlement n'eut qu'une influence consultative. La crainte seule d'offenser la reine étouffait toute

1603.

opposition. Cependant il s'en montra un peu ; ce sont les puritains qui en eurent l'honneur, car la liberté politique devait naître de la liberté religieuse. Quelques-uns osèrent dire que le salut de l'âme intéressait tout le monde autant que la couronne ; on les élimina. On envoya Wintworth à la Tour, pour avoir demandé si le parlement avait le droit de discuter en secret, et si le conseil pouvait changer les lois.

L'insuffisance des subsides provoquait les mesures violentes. Le droit de *pourvoyance* ou de *prise*, les *bienveillances*, ne suffisant pas, la cour établit des monopoles odieux que le parlement réussit à faire supprimer à force de supplications. Enfin une *chambre étoilée*, tribunal en dernier ressort dépendant de la cour, et l'extension d'une loi martiale ou prévotale à tous les délits, rendaient le gouvernement d'Élisabeth très-semblable à celui d'Alger.

Si nous jetons un regard sur le seizième siècle, cette grande époque de la civilisation européenne, nous trouverons l'Angleterre bien arriérée. Le génie anglais sommeillait encore. Dans un temps plus reculé, le moine Roger Bacon avait surpris des secrets à la nature : mais il les avait emportés au tombeau, faute d'être compris par son siècle. Les arts, l'industrie, le commerce florissaient dans le midi de l'Europe et dans les Pays-Bas, et c'était là que se faisaient les découvertes. L'Angleterre tirait presque toutes ses ressources des Provinces-Unies. Élisabeth encouragea l'agriculture, qu'on abandonnait pour les pâturages. Sous Édouard VI, la suppression des abbayes avait réduit à une misère affreuse un peuple immense qui ne vivait que d'aumônes. Mais en 1551 les prohibitions donnèrent quelque encouragement au commerce intérieur. Des relations commencèrent avec la Moscovie. En 1580, l'aventurier Drake fit le tour du globe et pilla les colonies espagnoles. En 1587, Cavendish, après avoir exploré la mer du Sud, rentra dans la Tamise avec trois petits vaisseaux chargés de richesses. L'émulation fit tenter de nouvelles expéditions de ce genre. Une colonie qui s'établit dans la Virginie devint bientôt florissante. Les communes, ou la bourgeoisie, s'enrichirent ; les barons devinrent moins puissans. L'industrie naissante, le commerce, les lettres anciennes, qui commençaient à pénétrer du midi au nord, et surtout la réforme, préparèrent rapidement le peuple anglais à la révolution politique qui devait s'accomplir dans le siècle suivant.

J'ai dit les lettres anciennes : en effet, il n'existait guère d'autre littérature. On cherchait tout dans les anciens et dans la Bible. Cependant Spenser, protégé par le vertueux et savant Philippe Sidney, donna des formes régulières et harmonieuses à la poésie anglaise. Elisabeth le laissa mourir de faim. Pourtant elle traduisit elle-même en anglais les discours d'Isocrate. Elle ne protégea pas plus l'étonnant Shakspeare, l'un des plus grands peintres de l'homme : mais ce fut sous le règne suivant qu'il composa la plupart de ses prodigieux ouvrages. Ce fut aussi sous Jacques que Bacon, l'un des plus vastes génies philosophiques qui aient existé, indiqua la route de la vérité et classa les richesses acquises de l'esprit humain.

SECONDE PARTIE.

RÉVOLUTION POLITIQUE.

Les Stuarts. Jacques Ier. Le parlement sort de son abaissement et commence à résister.

Nous sommes arrivés à cette dynastie dont les rois surtout doivent méditer l'histoire. Le roi d'Ecosse, Jacques VI, était arrière-petit-fils de la fille aînée de Henri VII, laquelle avait épousé un Stuart. Le testament de Henri VIII avait éloigné cette branche du trône ; mais Elisabeth l'avait cassé. Jacques, qui fut 1603. premier du nom sur le trône d'Angleterre, était un homme doux, mais faible ; pacifique, mais pusillanime ; juste, mais prodigue ; infatué de l'autorité absolue, mais ne sachant pas la maintenir. Il distribua d'abord les places, les pensions, les titres à pleines mains, pour se faire des partisans. Il favorisa surtout les Ecossais, ses compatriotes, dont il unit le pays à l'Angleterre malgré l'opposition du parlement anglais. Il avait la manie de la théologie, non comme Henri VIII, pour tyranniser, mais pour pacifier et convertir. Il fit tenir avec les puritains des conférences qui n'eurent pas grand résultat. Il avait éprouvé en Ecosse l'opiniâtreté de ces enthousiastes, et il leur avait cédé. Roi d'Angleterre, il voulut ployer les Ecossais au joug de l'Eglise épiscopale, qu'il regardait comme le soutien de la royauté; mais il réussit mal.

1605. Les catholiques, qu'il ménagea, mais qui eussent voulu être préférés, ne méritaient pas moins d'attention. Catesby et Piercy, dirigés, dit-on, par un jésuite, complotèrent de faire sauter le parlement et la cour, pour mieux assurer le rétablissement du culte romain; une énorme quantité de poudre était déjà sous la salle des séances, quand le roi découvrit cette horrible machination. Les coupables, pris sur le fait, furent exécutés. Ils avaient eu un scrupule, c'était de faire périr plusieurs catholiques qui étaient au parlement : mais le jésuite l'avait levé, en disant qu'on pouvait quelquefois sacrifier les innocens pour le bien de l'Eglise. Cet événement est connu sous le nom de *conspiration des poudres*. La fureur de la nation contre les catholiques fut extrême ; le roi l'apaisa avec une rare modération.

Jacques se laissait gouverner par des favoris du genre de ceux de notre Henri III. Robert Carre fut supplanté par George Villiers, mauvais sujet et fort bel homme, qui fut créé duc de Buckingham, grand-amiral, et comblé de richesses ainsi que toute sa famille. Après de longues et difficiles négociations on était parvenu à conclure le mariage du prince Charles, fils du roi, avec l'infante d'Espagne. Buckingham met dans la tête du prince d'aller chercher l'infante en aventurier. Ils partent ensemble, et bientôt la rupture du mariage est le fruit de cette équipée dans laquelle l'arrogance de Buckingham

1615.

1622.

aliéna aisément les Espagnols. La guerre était déjà déclarée lorsque Jacques mourut, en partie, de douleur de voir cesser la paix qu'il avait maintenue au prix de concessions souvent humiliantes. En effet, il avait abandonné son gendre l'électeur palatin, dépouillé par l'empereur. Le prince de Galles venait d'épouser Henriette de France, fille de Henri IV. Une manie de Jacques était de vouloir absolument marier son fils à la fille d'un roi. La cour de Rome fut probablement l'auteur d'une condition de cette alliance, qui donnait à la mère le droit d'élever les enfans jusqu'à treize ans. C'était replacer le catholicisme sur le trône d'Angleterre. Les Stuarts ne s'en trouvèrent pas bien.

Il faut remarquer que sous ce règne le parlement prit une autre attitude que sous les Tudors, et fit revivre une partie des priviléges que ceux-ci avaient anéantis. Il tint souvent dans sa dépendance un roi prodigue qui avait toujours besoin d'argent, et il lui refusa même des subsides. Le pouvoir absolu sous Elisabeth s'était fortifié par l'économie : le désordre devait l'affaiblir. C'est une chose remarquable que le despotisme n'ait jamais pu pressurer les peuples dans ce temps en Angleterre comme dans le reste de l'Europe. La lecture des anciens et la lutte religieuse faisaient naître l'esprit républicain. Au parlement de 1621 se manifesta la division des presbytériens et des épiscopaux, qui furent depuis les whigs et les torys, les défenseurs du peuple et les partisans de la cour. Les communes s'immiscèrent dans les affaires extérieures ; le roi voulut s'y opposer ; le parlement protesta et fut cassé. Alors des discussions s'élevèrent sur les fondemens de l'autorité royale, discussions toujours dangereuses pour la royauté. En 1624, Jacques, voulant de forts subsides pour résister à l'Espagne, alla jusqu'à en accorder la perception et l'emploi au parlement ; celui-ci passa un bill qui consacrait la liberté de tout citoyen sous l'empire de la loi. Mais il y avait encore loin de là à la liberté constitutionnelle. La presse était sous la dépendance de trois prélats.

L'administration était encore dans le désordre. Les taxes étaient réparties suivant d'anciennes estimations. Il n'y avait pas d'armée, mais une milice de cent soixante mille hommes, assez bien exercée. La marine et le commerce prenaient un peu d'activité. L'acte le plus mémorable de Jacques est d'avoir civilisé l'Irlande, où l'agriculture et la propriété foncière étaient, dit-on, ignorées. Cela seul honore le nom d'un roi qui eut le grand tort d'être pédant et ridicule, et de régner en femme, après une femme qui avait régné en homme.

Charles I*er*. Préludes de la révolution. Insurrection écossaise. Covenant.

1625.   Le prince Charles avait vingt-cinq ans; il était éclairé, ferme quelquefois jusqu'à l'entêtement, d'autres fois incertain et versatile, de mœurs sévères, aussi pénétré que son père de l'omnipotence royale. Il abandonna également sa confiance à l'indigne Buckingham, odieux à la nation. Le parlement n'accorda que des subsides insuffisans pour la guerre d'Espagne, et fut dissous. Une seconde législature se montra aussi in- 1626. docile, et mit Buckingham en accusation. Le roi menaça de supprimer tout-à-fait l'assemblée, et fit emprisonner deux membres. Les communes tinrent ferme, et obtinrent l'élargissement. Le parlement fut encore cassé. Il fallait de l'argent : on vendit la liberté religieuse aux catholiques, on exigea des *bienveillances* et des prêts forcés ; on incarcéra ceux qui refusaient leur argent. Ces mesures violentes irritaient encore les esprits.

Une rupture avec la France fut loin 1627. de les calmer. Buckingham l'avait fait naître en haine de Richelieu, et à cause d'une passion extravagante dont il s'était pris pour Anne d'Autriche. Ignorant la guerre comme la marine, il prit le commandement d'une expédition qui vint échouer devant l'île de Rhé. Un *troisième* parlement fut réuni. Charles 1628. lui demanda les subsides avec un ton de menace et de hauteur encore sans exemple, qui n'imposa point aux communes. Nous sommes envoyés par le peuple pour le soulager, et nous le ferons sans crainte ; ce que nous défendons est ancien : c'est la liberté de la vieille Angleterre ; imitons nos ancêtres : tel est le langage qu'y tenaient les orateurs populaires. Les effets suivirent les paroles. On dressa un acte nommé *pétition de droit*, fondé sur la grande charte et sur les statuts d'Edouard III ; on y demandait au roi l'abolition de tous prêts, taxes, bienveillances, qui n'auraient pas l'autorisation du parlement. Charles résista avec l'appui de la chambre des lords ; mais les communes persistèrent, et la pétition passa en loi avec la sanction royale.

Après cet échec la cour ne fut pas plus prudente. Le clergé était l'ardent défenseur du dogme de l'obéissance passive. Un prédicateur avait été admonesté pour cela par le parlement. Le roi lui 1629. donna un évêché. Le parlement, qui avait été prorogé, se rassembla. La nouvelle de la prise de La Rochelle, malgré les secours de l'Angleterre, qui était l'alliée des protestans français, irritait les réformateurs. Les communes voulurent enlever à la couronne le droit maritime de *tonnage* et de *pondage*, dont elle jouissait depuis Henri IV. Le roi congédia encore l'assemblée, et, pour mieux s'affranchir de l'importunité parlementaire, il fit la paix avec la France et l'Espagne. Mais le mécontentement avait trop de motifs pour s'apaiser. Charles, pour son malheur, était aussi un zélé canoniste; il tenait beaucoup aux anciennes cérémonies, et Laud, évêque de Bath, qui était encore plus exigeant, était en butte à la haine populaire. Le roi le fit archevêque de Cantorbéry; les puritains virent là un pas marqué vers le papisme. Le roi, qui avait besoin d'argent, établit lui-même une taxe sous prétexte d'entretenir la marine; on emprisonna ceux qui refusèrent de la payer comme illégale. Le parlementaire Hambden, qui fut de ce nombre, fut condamné par la chambre étoilée à payer la taxe.

Mais c'était peu. Charles entreprit de 1633. soumettre l'Ecosse à la hiérarchie et à la liturgie anglicanes. Après s'être fait couronner à Edimbourg, il fit adopter

1637 l'épiscopat au parlement écossais. Plus
tard il envoya la liturgie. Le doyen
d'Edimbourg, s'y conformant, commença le service en surplis. Un pape!
l'antechrist! qu'on le lapide! cria-t-on
de toutes parts. L'évêque qui monta en
chaire faillit perdre la vie. Ce fut le
signal d'une terrible insurrection. Les
1638. quatre ordres formèrent un *Covenant* ou
ligue avec serment de défendre leur foi
contre le papisme. Une assemblée ecclésiastique abolit le culte anglican. Le
fanatisme animait les courages ; les
femmes travaillaient aux remparts ; Richelieu fournissait des armes et de l'ar-
1639. gent ; Charles marcha avec une armée.
On négocia ; les insurgés se dissipè-
rent, puis se rallièrent. Il fallut encore
marcher ; mais les ressources étaient
épuisées.
1640.   Le roi fut dans la nécessité de convoquer un quatrième parlement, qui se
montra aussi inflexible que les précédens, renouvela les anciens griefs et fut
dissous. Pendant ce temps, les Écossais
franchissaient la frontière et prenaient
Newcastle. Ce fut alors que Charles

assembla le dernier parlement de son règne.

Long-Parlement. Strafford. Massacre d'Irlande.

Le Long-Parlement (car il est connu sous ce nom) s'annonça d'une manière plus hostile que les autres. Wentworth, que Charles avait détaché du parti républicain, et créé comte de Strafford, remplaçait Buckingham, dont l'Angleterre avait été délivrée par une mort violente. Ce ministre, dont les historiens louent le caractère, était haï des presbytériens, comme transfuge et comme dévoué à la cause du roi. Il fut mis en accusation, et, après un procès 1641. de quatre mois, condamné à mort. Les communes portèrent le bill d'*attainder*. La chambre haute, intimidée par la fureur du peuple, l'approuva. Charles n'eut pas la force de le signer; mais il eut la faiblesse de nommer quatre commissaires pour cela. On lui reproche souvent d'avoir ainsi abandonné ce ministre à qui il avait promis solennellement son appui ; mais il en emporta le remords au tombeau.

Les communes poursuivirent leurs projets. Des pétitions signées par des milliers de citoyens leur indiquaient des réformes, ou servaient d'écho à leurs orateurs. Le roi, qui ne pouvait que céder à une telle effervescence, signa un bill d'après lequel le parlement serait assemblé régulièrement, et ne pourrait être prorogé ni cassé. L'armée des insurgés écossais fut entretenue pendant un an aux frais du parlement, et félicitée sur ses services. Un traité de paix fut signé avec l'Ecosse. Mais les partis extrêmes devaient ébranler le trône de Charles. On apprit tout à coup que les Irlandais, qui haïssaient le joug de l'Angleterre, l'avaient secoué. Quarante mille Anglais venaient d'être massacrés par ce peuple catholique. Les rebelles se disaient autorisés du roi et de la reine, pour justifier ces horreurs. Elles exaspérèrent davantage les presbytériens ; l'Ecosse s'agita encore. Dans cette extrémité, Charles laissa à la prudence des communes le soin de châtier l'Irlande, dont il désavouait le mouvement.

Les communes levèrent des subsides et appelèrent la milice. Mais l'Irlande n'était qu'un prétexte; la guerre à la royauté absolue était le but. Cependant les pairs commencèrent à s'opposer aux entreprises des communes. Celles-ci répondirent qu'elles seules représentant la nation, elles pouvaient se passer des pairs. La pairie et la noblesse avaient beaucoup perdu de leur prestige depuis que Jacques Ier avait créé une foule de baronnets pour faire de l'argent. Les évêques furent bientôt insultés et menacés à tel point qu'ils se retirèrent de la chambre haute.

Dans cet état de choses, le roi prit la 1642. hasardeuse détermination d'accuser cinq membres des communes comme séditieux. Le sergent d'armes les ayant réclamés inutilement, Charles alla luimême les chercher au parlement. Mais ils s'étaient échappés. Une telle mesure manquée produisit le plus mauvais effet. Le peuple cria près de la voiture du roi : *Les priviléges du parlement !* Les accusés furent bientôt conduits en triomphe à la

chambre. Les pétitions recommencèrent. Chaque corporation en fit une,
les femmes en firent aussi. Le roi, ne se
trouvant plus en sûreté à Londres, alla
à York. Les communes l'invitèrent à
revenir; il refusa. Elles changèrent tous
les lieutenans et gouverneurs des comtés et se préparèrent à la guerre. Elles
reçurent de toutes parts des dons patrio-
tiques en argent et en vaisselle; les femmes abandonnèrent leurs joyaux. Les
deux partis firent leur manifeste. Celui
du roi était assez conforme aux anciennes libertés; mais il n'était plus temps.

La plupart des pairs suivirent la ban-
nière royale. La reine, qui avait souvent compromis son mari par son zèle
pour les catholiques, était passée en
Hollande, d'où elle lui envoyait des
munitions. Mais le parti royal était le
moins fort, quoiqu'il réunît les épiscopaux et les catholiques. Les parlementaires avaient pour eux les grandes
villes, les ports et toute la population
presbytérienne.

Suite du Long-Parlement. Guerre civile.
Cromwell, chef des indépendans. Mort
de Charles Ier.

Charles avait de la bravoure et de la 1643.
fermeté. Son armée grossit. Après divers succès, il prit Bristol et assiégea
Glocester. Cette place était défendue
par des presbytériens déterminés et dévoués au parlement. Cependant, elle
était à l'extrémité lorsque le comte d'Essex, général parlementaire, arriva à son
secours avec quatorze mille hommes que
les communes avaient armés en toute
hâte. Après avoir levé le siége, le prince
Rupert, neveu et général de Charles,
livra à Newbury une bataille qui fut
indécise. La guerre se fit aussi dans le
nord, où les parlementaires furent secondés par une armée d'Écossais. Un
homme, qui figurait dans les communes à la tête des plus chauds ennemis de la royauté, s'y distingua. Il
s'appelait Olivier Cromwell. Le roi se
retira à Oxford, où il rassembla un parlement royaliste qui lui donna quelques

subsides; il y vint peu de membres des communes et beaucoup de pairs. Une trève avec les catholiques d'Irlande avait donné au roi le moyen de faire revenir des troupes. Mais lord Fairfax les dissipa, et le comte de Manchester battit Rupert à Marston-Moor, près d'York. L'intrépidité du général Cromwell y décida de la victoire. Il vainquit encore à Newbury. Il faut s'arrêter à cet homme.

Ambitieux avec une volonté inflexible, dissimulé avec une adresse profonde, familier ou fier à propos, mauvais orateur, grand homme de guerre; habile chef de parti avec l'air d'un fanatique, il s'était fait chef d'une secte de presbytériens qui commençait à devenir puissante : c'étaient les *indépendans*. Aussi ennemis de la hiérarchie, mais moins rigides que les puritains, ils voulaient anéantir la royauté, que ceux-ci respectaient encore. Ils se croyaient inspirés et saints, et disaient que celui qui a tiré l'épée *contre son roi doit jeter le fourreau*. Un jour ils se mirent en jeûnes et en prières pour obtenir qu'on leur donnât les grades et les places, et ils l'obtinrent. Le parlement, que Cromwell voulait dépouiller par là de l'autorité, passa l'acte du *renoncement à soi-même*, qui excluait ses membres des emplois. Mais Cromwell n'en conserva pas moins un régiment, et fit donner le commandement en chef à Fairfax fils, homme brave mais crédule, qui était, sans s'en douter, son instrument. Ils remplirent l'armée d'officiers indépendans; ils y établirent une discipline pieuse et sévère. Dans leur camp on lisait la Bible et l'on prêchait; tandis que les royalistes, livrés aux désordres et à l'insubordination, se moquaient de leurs dévots adversaires. Mais ceux-ci avaient cet enthousiasme qui fait triompher.

Des négociations avec le parlement ayant été sans succès, parce que celui-ci faisait des propositions qui semblaient dures au roi, on se battit encore. Fairfax et Cromwell vainquirent les royalistes à Naseby. Charles fit encore agir en Irlande; les inquiétudes sur le rétablissement du papisme redoublèrent. Le parlement, qui avait enfin immolé l'archevêque Laud, établit dans l'église le gouvernement presbytérien, où les anciens de la paroisse assistaient le ministre, comme dans l'église primitive.

1646. Le roi, sur le point d'être pris, se détermina à se mettre entre les mains des Écossais, ses sujets originaires, dont le presbytérianisme pouvait défendre la royauté contre les indépendans. Mais il fut tristement déçu. Les Écossais avaient des sommes considérables à réclamer du parlement anglais ; et, saisissant cette occasion, ils livrèrent le roi

1647. pour se faire payer. Ce n'était pas tout. Les indépendans, ou l'armée, qui voulaient le pouvoir, dirigés par Cromwell, s'insurgèrent contre les communes qui essayaient de les licencier. Cromwell forma une sorte de parlement militaire composé d'un côté des officiers, et de l'autre des soldats exaltés, sous le nom d'*agitateurs*. Un de ceux-ci, avec cinq cents chevaux, alla enlever le roi. Alors le parlement n'eut plus que l'ombre de l'autorité; l'armée domina. Onze membres presbytériens furent mis en accusation et n'osèrent plus reparaître. Londres voulut résister à ce nouveau despotisme; une émeute y éclata; Cromwell s'y porta avec l'armée, et Londres tomba en son pouvoir. Mais un parti triomphant doit se subdiviser. Les *levellers* ou niveleurs, qui poussaient encore plus loin que les indépendans l'amour d'une égalité chimérique, se séparaient déjà d'eux. Cromwell prévint cette scission par un coup prompt et hardi. Un jour, sous prétexte d'une revue, il fondit sur eux soudain, les fit désarmer et fit pendre les meneurs. Le reste rentra dans l'obéissance.

Cependant le roi s'était évadé; mais, en se réfugiant dans l'île de Wight, il tomba dans les mains d'un partisan de Cromwell qui en était gouverneur. Les rigueurs redoublèrent. D'inutiles négociations recommencèrent entre le roi prisonnier et le parlement, qui persistait dans toutes ses demandes. Ce fut alors que les Écossais, honteux d'avoir vendu le roi, levèrent quarante mille hommes en sa faveur; dix-sept vaisseaux se déclarèrent pour lui, et la

guerre recommença. Pendant que le parlement consumait le temps en dis-
1648. cussions, Cromwell marcha contre les Écossais et les vainquit à Preston. Le parlement, voyant revenir triomphante une armée qu'il craignait, songeait à accorder davantage au roi. Mais l'armée voulait sacrifier celui-ci. Fairfax le transféra à Windsor. La chambre des communes fut envahie par un régiment. Cent cinquante-six membres presby-tériens, ennemis déclarés des indé-pendans, furent arrêtés ou exclus. Les indépendans et les puritains seuls ré-gnèrent dans la chambre. C'est de même que se firent en France le 31 mai et le 18 fructidor. Un bill déclara le roi cou-pable de haute trahison pour avoir fait la guerre au parlement et au peuple. Les pairs refusèrent d'approuver cette accusation : les communes déclarèrent que le pouvoir souverain résidant ori-ginairement dans la nation, et qu'elles-mêmes représentant la nation, qui les avait élues, elles faisaient la loi sans avoir besoin du roi ni des pairs. C'était établir le gouvernement républicain.

Cromvell y contribua par un discours où il joua l'inspiré.

L'infortuné Charles Ier comparut trois fois devant la chambre formée en haute cour de justice, dont il déclina trois fois la juridiction. En vain plusieurs puissances intercédèrent pour lui; en vain quatre de ses conseillers offrirent de mourir comme responsables; il fut condamné par soixante-dix votans. On dressa l'échafaud devant son palais même de Whitehall; sa tête fut tranchée par un homme masqué, et montrée au peuple, qui accueillit ce spectacle tragique avec une morne douleur. Ce roi, dont les vertus eussent fait la gloire dans un autre temps, et qui fut dans celui-ci victime de son imprudente obstination, écrivit avant sa mort à son fils une lettre où est ce passage : « Apprenez par mon expérience à ne pas affecter plus d'autorité qu'il n'en faut, et non pour la satisfaction des courtisans, mais pour le bien des sujets. » Telle était aussi l'intention de Louis XVI, qui éprouva le même sort. Mais il est difficile aux rois de secouer le joug des cours.

et de connaître par leurs yeux les besoins du peuple. Ce sont toujours les
cours qui ont perdu les rois.

République d'Angleterre, ou dictature et protectorat de Cromwell.

1649.   Après le supplice du roi on procéda
à l'abolissement de la royauté ; les communes, réduites de cinq cent treize
membres à quatre-vingts, supprimèrent
la chambre des pairs et prirent le titre de
parlement de la république d'Angleterre.
On renversa la statue de Charles, qu'on
appela le dernier des rois. On data de
la première année de la liberté. Plusieurs nobles royalistes furent exécutés.

Cependant le fils aîné de Charles, qui
se fit dès lors appeler Charles II, eut
un parti puissant en Écosse et en Irlande. Cromwell se fit nommer gouverneur de cette île, s'y rendit soudain et
la réduisit par la terreur de ses armes ;
il fit passer toute une garnison au fil de
l'épée. Plus de trente mille Irlandais

s'expatrièrent. Les presbytériens d'É-
cosse , qui pendaient le chef royaliste
Montrose, n'en proclamèrent pas moins
Charles II , tout en lui imposant le *covenant*, car ils voulaient la royauté ,
mais avec des restrictions. Il débarqua
avec sept vaisseaux hollandais , accepta toutes les conditions , écouta pa-
tiemment tous les sermons, et n'eut 1650.
que l'ombre de l'autorité. Cromwell,
s'étant fait nommer général à la place
du puritain Fairfax, qui ne voulait pas
combattre ses confrères d'Écosse , marcha contre eux, les mit en déroute à
Dunbar et prit Édimbourg. Charles eut
l'audace de passer en Angleterre avec 1651.
l'armée écossaise ; mais l'infatigable
Cromwell , ayant réuni promptement
quatre mille hommes de troupes et
de milices , le battit à Worcester, et
Charles s'enfuit en France à travers les
plus grands dangers et à l'aide de tous
les déguisemens. On sait qu'il passa un
jour entier dans le creux d'un chêne ,
au milieu des soldats de Cromwell, qui
étaient à sa poursuite. Ici commence
la grande fortune de Cromwell. Il ren-

tra à Londres en triomphateur, et fit passer un acte qui unissait l'Écosse à l'Angleterre comme une province conquise.

Avant de parler de la puissance que la république anglaise acquit dès lors en Europe, il faut suivre la marche politique de Cromwell à l'intérieur. Après avoir comprimé vigoureusement une nouvelle révolte des *levellers*, il donna au gouvernement prétendu républicain une forme très-despotique dont la terreur était l'agent principal. Mais le parlement, s'apercevant qu'il avait renversé un maître pour en subir un autre, songea à retirer à celui-ci le titre de généralissime. Cromwell, ne ménageant plus rien, rassemble ses officiers et leur promet le pouvoir. Il entre soudain au parlement. Trois cents soldats l'y suivent. Il s'écrie dans son langage à la fois d'inspiré et de cynique : *Le Seigneur, que j'ai invoqué, n'a plus besoin de vous ; il a choisi d'autres instrumens, sortez ;* et les apostrophant l'un après l'autre à mesure qu'ils défilaient devant lui : *toi, tu es un ivrogne, toi, un voleur*, *toi un débauché*, leur dit-il. Tous étant sortis, il fait fermer la salle, et met la clef dans sa poche.

Après ce coup d'état, approuvé par une déclaration des officiers de terre et de mer, Cromwell fit choisir par eux cent quarante-quatre personnes prises pour la plupart parmi les ouvriers, afin de représenter l'Angleterre, l'Ecosse et l'Irlande. Mais cette assemblée d'hommes incapables, dite *Barebones*, du nom d'un de ses membres, ne servit qu'à faire tourner l'autorité civile et délibérante en risée. Elle s'occupa de *chercher Dieu dans la prière*, de supprimer les sciences et les études, d'instituer les lois de Moïse, et ne termina rien. Cromwell laissa se dissoudre cette caricature de parlement. Alors les chefs de l'armée, seuls dépositaires du pouvoir, le lui déférèrent avec le titre de *Protecteur de la république*.

Le gouvernement militaire, qui avait prévalu, s'établissait alors ouvertement avec un chef despotique. Cromwell avait le même pouvoir que les rois; son nom figurait dans tous les actes. Il s'installa au palais de Whitehall; il avait cinquante ans : à quarante il était inconnu.

Il choisit un conseil de quatorze de ses officiers les plus dévoués, qu'il pensionna largement. L'armée, qui ne pouvait être diminuée sans son aveu, fut toujours payée un mois à l'avance. Cependant une chambre des communes, qu'il convoqua, voulut affranchir la nation de ce joug militaire. Cromwell employa encore la force dans cette occasion. Il entra dans la chambre : *Je sais*, dit-il, *que vous voulez m'ôter mes lettres de protecteur. Les voici : je voudrais bien savoir si parmi vous il y en a un assez hardi pour les prendre.* Cette chambre fut bientôt dissoute. Une autre, remplie de ses créatures, abolit les titres des Stuarts, et offrit la couronne à Cromwell en lui représentant que la royauté était nécessaire. Il voulut se donner le plaisir de la refuser, ou peut-être craignit-il de révolter l'armée, qui haïssait le nom de roi ; ses parens même montraient une ferme opposition. Il se contenta de choisir dans les communes ses plus fidèles adhérens pour se com-

1654.

1657.

poser une chambre des pairs. Mais alors dans la chambre basse le parti national acquit une majorité. Cromwell cassa encore ce parlement.

Voyons maintenant combien sa politique extérieure fut hardie et heureuse. Blake humilia la marine portugaise dans l'embouchure même du Tage, et la marine hollandaise, alors si redoutable, s'obligea à baisser pavillon. Les rois briguaient l'alliance de Cromwell. Mazarin l'obtint après l'avoir long-temps sollicitée contre l'Espagne. Pen et Venables prirent la Jamaïque sur les Espagnols. Le fameux *acte de navigation*, en prohibant l'entrée des marchandises d'entrepôt apportées par les vaisseaux étrangers qui approvisionnaient l'Angleterre, la força à devenir elle-même commerçante.

Cependant Cromwell, qui avait joué toutes les sectes en les contenant l'une par l'autre, ne les avait pas comprimées. Souvent menacé d'assassinats, qu'il avait toujours prévenus à l'aide d'une nombreuse police, il changeait de chambre chaque nuit, et portait une cuirasse. L'inquiétude qui l'agitait, les chagrins qui le dévoraient, abrégèrent sa vie. Il mourut d'une fièvre lente, dans la crainte de l'enfer et dans l'espérance de la grâce. Il était sobre, économe, simple, et savait surtout faire mouvoir les hommes. Il n'exerça jamais de violences inutiles ; il fit observer la justice. Il avait été dans la nécessité d'oser toujours pour n'être pas perdu : il avait osé tout et réussi.

Ses funérailles furent plus magnifiques que celles d'aucun roi d'Angleterre. Deux ans après, son corps fut tiré des sépultures royales de Westminster, et traîné au gibet sur la claie. Mais, dans sa position, c'était beaucoup d'être mort dans son lit.

Anarchie. Monk. Restauration.

Il n'y avait point eu de république, mais un pouvoir suprême qui s'était fait l'arbitre des partis. La tâche de leur résister en les opposant l'un à l'autre avait usé Cromwell, et devait tuer tout homme moins fort que lui. Le conseil lui donna aussitôt pour successeur,

comme il en avait témoigné le vœu,
son fils Richard Cromwell, homme de
mœurs douces et d'un faible caractère.
Les partis se réveillèrent aussi furieux
que jamais. Les indépendans de l'armée
élurent pour général le dévot Fleetwood, gendre de Cromwell, dirigé par
l'ambitieux Lambert, qui voulait s'emparer du gouvernement. Richard, qui
avait assemblé un parlement docile, fut
forcé par eux à le dissoudre, et à se dé- 1659.
mettre du protectorat. Il y consentit
volontiers, car il aimait mieux la vie
privée. Pour légaliser leurs actes, les
chefs militaires convoquèrent le long
parlement qui avait jugé Charles Ier.
Une quarantaine de membres qui sur-
vivaient se rassemblèrent. Mais l'opinion générale était alors contre ces puritains exaltés, qu'on appelait par mépris
les *Croupions.* Un soulèvement fut réprimé par l'actif Lambert. Bientôt celui-
ci se brouilla avec le parlement croupion, qui voulait soumettre l'armée, et
il le cassa à la manière de Cromwell.

Cependant on ne prononçait point
le nom de Charles II, que les ministres

saluaient à peine sur le continent, tandis que tous les ambassadeurs avaient félicité Richard Cromwell. Un général, qui du service de Charles Ier avait passé au service de la république, Monk, était alors gouverneur de l'Ecosse : il était adoré de ses soldats et aimé du peuple. S'il médita dès-lors le rétablissement des Stuarts, il garda son secret à lui seul, et pour s'opposer d'abord à Lambert, il se déclara pour les croupions qui se réunirent de nouveau. Lambert fut enfermé à la Tour. Bientôt le désordre se mit dans l'armée de Fleetwood. Celle de Monk grossit ; il traversa l'Angleterre et entra à Londres. Alors il dévoila ses vues, il invectiva le croupion, qui se cassa lui-même en convoquant un parlement intégral. Les presbytériens modérés et les royalistes, également las de l'anarchie, s'étaient unis : les pairs, retirés à la campagne sous Cromwell, reprirent place à la chambre haute. On réprima un dernier effort des républicains ralliés par Lambert, qui s'était échappé. Il ne restait plus qu'à parler de Charles II. Monk fit

introduire son envoyé dans l'assemblée
qui le reçut avec joie. Charles promet-
tait tout ce que voudrait le parlement,
amnistie entière, et la continuation de
l'énorme paie dont jouissait l'armée.
De telles concessions satisfaisaient le
plus grand nombre. Charles II fut solennellement proclamé, et fut accueilli,
dit-on, aux acclamations du peuple.

Ainsi finit la première révolution
d'Angleterre. On semblait obtenir de la
royauté ce qu'elle avait refusé d'abord;
mais on n'était guère plus avancé, car
l'état social était à peu près resté le
même. L'esprit de parti religieux et
politique tenait la nation toujours agitée, toujours divisée. Une foule de sectes
s'étaient introduites. Là remontent les
quakers, ces fous si raisonnables qui
ne veulent pas verser le sang et qui
veulent faire du bien aux hommes. Le
commerce avait pris un grand essor, et
la noblesse, cédant à l'esprit républicain, n'avait pas dédaigné de s'y livrer.
Le numéraire avait sensiblement aug-
menté, et les impôts à proportion,
ainsi que les dépenses de l'état. Quant à

la littérature, l'austérité intolérante des sectaires lui était peu favorable. Mais le génie de Milton s'alluma au feu des passions de ce temps, et l'esprit satirique de Butler les tourna en ridicule. Le philosophe Hobbes puisa dans le spectacle de la guerre civile une triste opinion de l'espèce humaine, et pensa que les hommes ont besoin d'un despote. Mais la liberté n'est pas impossible, parce qu'elle est difficile à acquérir. Hobbes en eût été convaincu s'il eût vécu un siècle plus tard. Parce que le mal prédomine, il ne faut pas désespérer du bien.

Charles II. Première période de son règne. Clarendon. Progrès du parti catholique. Shaftesbury.

1660.   Une restauration promet beaucoup, en commençant, pour se concilier un peuple : elle semble vouloir satisfaire tous les partis. Quand le roi rétabli se trouve être insouciant en religion et en affaires, ennemi du travail et adonné aux plaisirs, les partis poursuivent sous son règne la guerre à mort qui com-

mença la révolution. Tel était Charles II.
D'abord il récompensa les royalistes et
il introduisit parmi eux des presbytériens au conseil. Vane et Lambert et les
juges, qu'on nommait régicides, furent
seuls exceptés de l'amnistie. Bientôt
après on fit le procès de dix d'entre eux,
et on leur donna la mort, qu'ils reçurent
comme le martyre. L'armée de Cromwell fut licenciée, l'épiscopat fut ré-
intégré. Les *millénaires*, fanatiques qui
pensaient que Jésus devait être pendant
mille ans le seul roi sur la terre, firent
un soulèvement qui fut réprimé. Alors
on commença de soumettre les presbytériens. Le covenant fut cassé en Ecosse,
et l'épiscopat y fut rétabli.

Un nouveau parlement, dans lequel 1661.
les presbytériens n'eurent qu'une faible
minorité, entreprit davantage contre
eux et contre les libertés politique et
religieuse. Le *bill d'uniformité*, en pla-
çant forcément tous les ministres dans
la dépendance des évêques, fut le signal
d'une persécution contre une foule de
ministres non conformistes qui refusèrent obstinément l'ordination épis-

copale, et furent dépouillés de leurs bénéfices. Le peuple les soutenait, et ils continuaient clandestinement leurs prédications. Le chancelier Clarendon, anglican zélé, était le promoteur de ces mesures. Le roi, qui était favorable en secret à la religion catholique, dans laquelle sa mère l'avait élevé, porta

1662. bientôt une déclaration de tolérance qui déplut à la masse protestante de la nation.

Les événemens extérieurs se combinaient avec ces progrès des catholiques. Dunkerque appartenait à l'Angleterre, depuis que Cromwell, d'accord avec Mazarin, avait conquis cette place sur les Espagnols. Charles II la vendit à Louis XIV pour faire de l'argent, les subsides d'un parlement soumis ne suf-

1664. fisant pas à ses prodigalités. Une guerre impolitique contre la Hollande, république protestante que gouvernait le fameux Jean de Wit, fut excitée par le frère du roi, Jacques, duc d'York, catholique exalté. Il s'y distingua comme marin, ainsi que Monk, créé duc d'Albermale, et le prince Rupert. Après des

combats meurtriers, avec alternative
de succès, Ruyter, se vengeant d'une 1667.
défaite, entra avec une flotte dans la
Tamise; il menaçait déjà Londres
lorsque le traité de Bréda fut conclu.
Les deux peuples conservèrent leurs
nouvelles acquisitions dans les deux
mondes.

Cependant, à peine Londres était dé-
livré de la peste qui l'avait dépeuplé,
qu'un incendie fameux l'avait réduit en
cendres, en 1666 (1). Le peuple attri-
bua aux catholiques le second de ces
fléaux qui avaient hâté la conclusion de
la paix. Clarendon, qui voulait tenir la
balance entre les deux partis extrêmes,
leur était également en butte. A la suite
d'une guerre ruineuse sans résultats, le
mécontentement s'en prit à lui. Sa rigide
vertu était importune au monarque, qui
le sacrifia à une favorite et à une cour

____

(1). Ce désastre eut un effet heureux: Londres fut rebâti en trois ans sur un plan vaste
et neuf; et la peste qui le désolait souvent,
quand ses rues étaient étroites et malsaines,
n'y a plus reparu.

dissolue. Accusé d'avoir conseillé de vendre Dunkerque, et banni, il se retira en France. Il avait voulu, dit-on, concilier la prérogative royale avec les droits de la nation ; mais tel n'était pas le but de la cour.

Le ministère qui succéda est connu sous le nom de la *cabale*. L'immoral Shaftesbury, qui se jouait de tous les partis, et le puissant mauvais sujet Buckingham en étaient les chefs. Les conventicules de catholiques et de puritains furent d'abord également dispersés. 1672. Mais on apprit bientôt avec étonnement que le roi déclarait la guerre à la Hollande, en même temps que Louis XIV, avec lequel il s'était lié secrètement. La duchesse d'Orléans, sœur de Charles, avait employé son ascendant sur lui, et il ne pardonnait point aux Hollandais de lui avoir refusé un asile pour plaire à Cromwell. Cette nouvelle combinaison politique rompait la triple alliance protestante entre l'Angleterre, la Hollande et la Suède, qui avait été conclue par le diplomate philosophe Temple. On sait quelle fut l'issue de cette guerre injuste et désastreuse de Louis XIV contre la Hollande. Dans le fameux combat de Soultsbaye, Ruyter attaqua, sans désavantage, les flottes anglaise et française. La paix fut signée avec l'hé- 1674. roïque république, qui avait repoussé Louis XIV. Elle cédait encore à l'Angleterre les honneurs du pavillon. Mais pendant cette guerre, qui semblait faire triompher la cour, les partis prenaient dans la nation une position différente.

Acte du test. Dénonciation du complot papiste. Réaction protestante. Parlemens indociles. Habeas corpus. Whigs et Tories.

Les progrès du parti absolu et catholique avaient dessillé les yeux ; et les dispositions de la majorité du parlement étaient changées. Shaftesbury, l'ardent promoteur de la guerre contre la Hollande, n'avait obtenu de subsides qu'à force d'adresse, et il avait fait quelques élections illégales qu'on avait cassées. En 1673, les communes firent rétracter par le roi la déclaration d'indulgence en faveur des catholiques, et sanctionner le fameux acte du *test*, en vertu duquel tous les fonctionnaires civils et militaires furent obligés de prêter serment par écrit contre la transubstantiation, et de communier à la paroisse anglicane. Le duc d'York, qui avait fait abjuration du protestantisme, fut réduit par là à quitter le commandement de la flotte. L'opinion générale s'était prononcée si fortement que Charles y avait cédé, quoiqu'il eût l'appui secret de Louis XIV. Shaftesbury abandonna alors le parti de la cour pour celui des communes. Celles-ci, en offrant un fort subside, allaient déterminer le roi à rompre avec Louis XIV, lorsque la paix de Nimègue fut conclue.

1678. Dans l'état de défiance où était la nation à l'égard de la cour, il devait tôt ou tard se trouver un prétexte ou une occasion d'éclater contre les catholiques. Un nommé Titus Oates, homme, dit-on, fort méprisable, se rendit révélateur ou inventeur d'une conspiration des papistes, qui tendait à tuer le roi pour lui substituer le duc d'York comme vassal du pape. Une foule d'accessoires absurdes furent ajoutés à cette délation, dont le fond pouvait être vrai : car les jésuites ne cessaient leurs menées au-dedans et au-dehors (1). La nation accueillit tout avec une aveugle confiance. L'assassinat du juge de paix Geoffrey, qui avait reçu la déposition d'Oates, parut une nouvelle preuve. On ne douta plus que les catholiques n'eussent le projet de mettre le royaume à feu et à sang. Les dénonciateurs pullulèrent; ils servaient la passion du moment. Le parlement, qui la partageait, renouvela le *test*, et alla jusqu'à poursuivre un ministre pour une lettre d'où il résultait que le roi s'était vendu à Louis XIV. Ce parlement, qui durait depuis dix-sept ans, et qui avait si fort changé d'esprit, fut prorogé, puis cassé.

Les nouvelles élections donnèrent une 1679. chambre basse tout aussi opposée à la cour. Pour calmer les esprits, le roi obligea son frère à quitter l'Angleterre,

---

(1) Les lettres de Coleman, secrétaire du duc d'York, au père Lachaise, au nonce du pape et autres, sont assez concluantes.

en lui garantissant la succession au
trône, dont les intrigues de Shaftesbury
tendaient à l'éloigner en faveur du duc
de Monmouth, fils naturel de Charles.
Jacques se retira à Bruxelles. Shaftesbury fut placé à la tête d'un nouveau ministère; aussitôt les communes
dressèrent un bill pour l'exclusion du
duc d'York de la couronne, avec défense à lui ou aux siens de paraître dans
les trois royaumes sous peine de trahison. Cette législature exclut de son sein
les membres qui avaient des emplois
salariés, et déclara illégale l'armée permanente. Elle allait renouveler les entreprises du long parlement lorsque le
roi la cassa. Néanmoins elle eut le temps
de faire passer en loi le fameux acte *Ha-
beas-corpus*, qui interdit la déportation,
prescrit au geôlier de produire le prisonnier devant ses juges dans le délai
requis, exige que la cause de l'empri-
sonnement soit certifiée, et défend qu'il
ait lieu deux fois pour la même cause.
C'est la garantie de la liberté indivi-
duelle des Anglais.

Les puritains, qui étaient persécutés

en Ecosse, tandis que les catholiques l'étaient en Angleterre, se soulevèrent, et assassinèrent le primat écossais. Monmouth, envoyé par le roi, apaisa cette révolte autant avec la force qu'avec la douceur. Il voulait se faire des partisans. Le duc d'York, que le roi avait rappelé secrètement auprès de lui, le fit disgracier, et se rendit lui-même en Ecosse, où il n'était guère propre à calmer l'irritation des presbytériens.

Cependant l'opinion réclamait un 1680. parlement. Des pétitions nombreuses étaient envoyées à la cour. Ce fut alors que les partis commencèrent à être désignés par les sobriquets encore en usage. Comme chaque parti donne à celui qui lui est opposé une qualification exagérée, les *cavaliers* ou royalistes appelèrent les adversaires de la cour *whigs*, perruques, nom burlesque sous lequel étaient connus les puritains d'Ecosse; et le parti populaire donna aux fauteurs du pouvoir royal le nom de *tories*, brigands, par lequel on désignait les insurgés catholiques d'Irlande. Le roi se décida enfin à une convocation.

Le nouveau parlement se montra encore contraire à la cour ; il continua le système de persécution organisé contre la conspiration papiste. Déjà plusieurs jésuites avaient été exécutés. On avait emprisonné cinq pairs catholiques. L'un d'eux, le comte Stafford, accusé par Oates, fut mis en jugement. Les pairs, qui venaient pourtant de rejeter le bill d'exclusion présenté par les communes, condamnèrent ce malheureux vieillard. Mais son exécution excita l'indignation publique, et la conspiration tomba dans le discrédit. La cour, débarrassée de cet épouvantail, reprit l'offensive. Ici commence une troisième période de cette restauration, où chaque parti devint persécuteur après avoir été persécuté.

Réaction catholique et royaliste. Influence du duc d'York. Mort de Russel et Sidney. Gouvernement absolu.

Le roi cassa le parlement en 1680. Il 1681. en convoqua un autre à Oxford pour lui ôter l'influence et l'appui du mécontentement de la capitale. Il y eut néanmoins du trouble à Oxford, où des bourgeois de Londres escortèrent leurs commettans. Monmouth et Shaftesbury dirigaient la haine populaire contre le parti d'York. Charles parla aux communes d'un ton de maître. Elles n'en insistèrent pas moins sur l'exclusion. Le roi les cassa encore; et, pour se rendre absolu, il essaya d'être économe. La cour jeta le masque, et traita de fable la conspiration papiste. Les espions et les dénonciateurs passèrent à sa solde. Une réaction royaliste recommença.

L'Irlande était assez paisible sous le gouvernement tolérant du duc d'Ormond, royaliste protestant et modéré, que Charles avait trop tardé à employer. Mais l'Ecosse était tyrannisée par le bigot duc d'York, qui fit prescrire par le parlement écossais un *test* en faveur de la royauté absolue. Le comte d'Argyle, qui s'y était opposé, échappa par la fuite à une condamnation capitale. La persécution contre les presbytériens fut 1681. reprise avec fureur, et le duc d'York triomphant revint à Londres, où il prit sur le roi un ascendant terrible; dès lors il régna par anticipation. Un des actes de ce nouveau gouvernement fut de dépouiller Londres de ses chartes et priviléges, et de s'emparer des charges municipales. Les villes signalées par un esprit de résistance furent traitées ainsi.

Quand le mécontentement est à son comble, il y a toujours des conspirations. Deux ans auparavant, Shaftesbury en avait formé une qui avait échoué. Ses complices la renouèrent deux fois; à la seconde ils furent trahis et livrés. Leurs procès sont fameux. Lord Russel, homme d'une grande vertu et d'une grande popularité, et Algernon Sydney, fils du comte de Leicester, condamnés sur de légères preuves, firent admirer leur mort. Sydney avait une de ces belles âmes républicaines qui croient toujours à la liberté, quoiqu'elles la poursuivent toujours en vain, et que les succès de la violence et de l'injustice ne découragent point de la chercher par les formes régulières. Son crime prouvé, c'étaient les écrits inédits où il avait consigné sa théorie politique. Son caractère ne s'était jamais démenti. Il avait résisté au despotisme de Cromwell comme à la restauration.

Le comte d'Essex se tua dans sa prison; Monmouth, après avoir offert à Russel de se dévouer pour lui, s'évada, rentra en grâce, et s'expatria de nouveau.

Ces exécutions, qui furent l'œuvre du sanguinaire Jefferyes, ou plutôt du duc d'York, excitèrent la terreur; le gouvernement se rendit absolu. Un jour le roi dit à Jacques, qui lui proposait de nouvelles rigueurs : *Mon frère, je suis trop vieux pour recommencer mes courses; vous le pouvez si c'est votre goût.* On a loué cela comme de la modération; il faut l'appeler une indifférence odieuse. On dit que Charles se proposait de revenir franchement à un gouvernement national lorsqu'il mourut. Il était bien 1685. temps! Ce roi, dont on a vanté la douceur, fit mutiler par des sicaires un membre du parlement qui s'était permis un mot sur ses débauches; et un assassin de profession fut en faveur à sa cour.

Jacques II. La faction catholique triomphe et succombe avec lui. L'Angleterre au dix-septième siècle.

Comme tous les rois, Jacques (auparavant duc d'York) fit de belles promesses à son avénement; mais il les démentit aussitôt par sa conduite. Il alla publiquement à la messe, quoiqu'il se fût déclaré en faveur de l'église anglicane; et sa condescendance pour les jésuites et les prêtres catholiques s'étendit bientôt si loin que la cour de Rome elle-même la blâma. Des taxes furent levées sans l'aveu du parlement, quelque dévoué que fût celui qu'on fit élire. Le duc de Monmouth et le comte d'Argyle, réfugiés en Hollande, songeaient alors à profiter du mécontentement des Anglais. D'Argyle, débarqué en Ecosse, fut pris et décapité. Monmouth débarqua en Angleterre, se donnant comme fils légitime de Charles II, attendu, alléguait-il, que ce prince avait épousé la duchesse de Portsmouth. Déjà proclamé dans quelques villes, ce prétendant succomba à Sedgemoor. Trahi par

un de ses complices en faveur à la cour,
qui lui avait promis sa grâce s'il ne ré-
vélait rien, il garda un silence obstiné,
et fut exécuté à Londres. Les comtés
qui avaient pris part à cette révolte furent ensanglantés par de nombreux supplices. Le colonel Kirk et le juge Jefferyes, dont le nom sert à flétrir tous
les magistrats qui tiennent le glaive sans
la balance, dirigeaient les bourreaux.
Ce fut un crime capital d'avoir donné
asile à un des rebelles.

Dès-lors la cour marcha plus ouver- 1686.
tement à son but. En Écosse elle dicta
à un parlement pusillanime les maximes
du pouvoir absolu. En Angleterre elle
proposa de dispenser les catholiques du
test protestant. Le parlement anglais
résista et fut prorogé. Cette résistance
aurait dû avertir Jacques, qui n'en
éprouvait point dans ce qui ne touchait
pas la religion. Mais c'était à la religion
surtout qu'il en voulait ; il croyait
pouvoir décréter la croyance comme
Henri VIII et comme Marie. Les temps
étaient changés. Le protestantisme était
établi, et la majorité de la nation y était

attachée. On s'indigna de voir les emplois et les faveurs distribués aux catholiques. Une sorte d'inquisition papiste établie contre le clergé anglican, les priviléges des universités attaqués, un ambassadeur envoyé à Rome, et, bien plus, les rigueurs exercées alors par Louis XIV contre les protestans, accrurent l'irritation. Ce roi passait en effet pour l'allié secret de Jacques. Le jésuite Peters, confesseur et ministre de celui-ci, était exécré. Six évêques, anglicans prononcés, furent mis en jugement : l'intérêt populaire qui se manifesta pour eux les fit acquitter. La naissance d'un fils du roi excita des doutes que la haine pour la maison de Stuart accueillit avec complaisance. Cette haine était à son comble comme l'audace qui la provoquait. La fin approchait.

1687.   Dans cet état de choses le fameux prince d'Orange, l'ennemi de Louis XIV, commença d'abandonner, à l'égard de Jacques son beau-père, la réserve dans laquelle il s'était tenu tant qu'il pouvait espérer de lui succéder : mais la naissance d'un enfant mâle l'en dispensait. Il blâma les entreprises du roi contre l'église anglicane, et s'offrit comme l'appui des protestans d'Angleterre : c'était se faire un parti de presque toute la nation. Des émissaires disposèrent les esprits, gagnèrent les sectes, et ménagèrent la coopération de ces personnages influens qui sont la portion active d'une nation, et qui décident souvent de ses destinées. Guillaume fit des préparatifs de guerre en apparence contre la France. Louis, qui connut le secret, en avertit Jacques, qui refusa sa protection. Ce prince allait à sa perte avec la plus folle sécurité. C'était en vain que, la flotte anglaise s'était mutinée contre un amiral qui faisait dire la messe sur son bord. Le roi ne voulait pas voir davantage le mécontentement de l'armée. Convaincu enfin du danger, la frayeur 1688 le saisit ; il restitua aux villes les chartes qu'il leur avait ôtées sous son frère ; il réintégra les protestans disgraciés, et alla jusqu'à offrir d'entrer dans les vues des alliés de Guillaume, confédérés à Augsbourg. Il n'était plus temps. Le prince d'Orange s'annonça comme devant redresser les griefs de la nation anglaise et favoriser la réunion d'un parlement libre, par un manifeste appuyé de cinq cents vaisseaux et quinze mille hommes, qui débarquèrent à Torbay. Jacques fut abandonné même des siens, la princesse Anne, sa fille, et George de Danemarck, son gendre. Churchill (depuis le fameux Marlborough), dont la sœur était maîtresse du roi, abandonna aussi ce prince, son bienfaiteur, pour aller, ainsi qu'une foule de gentilshommes, rejoindre Guillaume. Jacques, n'osant rassembler son armée, dont il n'était pas sûr, prit la fuite déguisé en prêtre. On l'arrêta. Ramené à Londres, où le peuple le reçut, à ce qu'on dit, avec acclamation, sans doute parce qu'il était malheureux, il fit demander une conférence à Guillaume, qui lui enjoignit de sortir de la capitale et de se rendre prisonnier à Rochester. C'était lui indiquer les moyens de quitter le royaume. Il en profita et se réfugia près de Louis XIV.

Ce malheureux prince avait, assuret-on, beaucoup de qualités privées. Il était brave; on lui attribue l'invention des signaux de mer. Mais il fallait savoir régner, c'est-à-dire deviner l'esprit et les besoins de la nation.

Ici finirent la dynastie des Stuarts et la révolution d'Angleterre, si l'on comprend sous ce titre la révolution et la restauration. Cette suite d'événemens si bien liés se termine ainsi par une nouvelle révolution, celle de 1688, à laquelle les Anglais de tous les partis donnent le nom de *glorieuse*.

Si les Stuarts ont été renversés, est-ce leur faute? est-ce la faute de leur position? L'espace manque ici pour examiner cette question délicate. Toujours est-il qu'ils se trompèrent sur le temps, en croyant trouver la nation aussi docile que sous les Tudors. Ils se trompèrent sur le droit, en pensant tenir de Dieu celui de gouverner contre le vœu des peuples. Mais les conseils de cour et les mauvais exemples ne leur furent pas moins funestes. Le spectacle de la puissance absolue de Louis XIV contribua peut-être à leur perte. Ils enviaient la

sert d'un roi qui se passait des états-
généraux, et ils croyaient pouvoir traiter ainsi impunément le parlement anglais. Leur méprise fut cruelle pour
l'Angleterre et pour eux. Enfin leur histoire nous montre qu'en révolution un
parti touche à sa chute, alors qu'ayant
parcouru tous les degrés de sa progression, il s'est *épuré* de toutes les nuances
d'opinion qui se rattachaient à lui ; tandis que le parti contraire reprend l'a-
vantage, alors qu'il s'est grossi de toutes
les fractions froissées et repoussées par
le parti qui a triomphé.

Les maux des révolutions sont toujours compensés par de grands biens.
En remuant les peuples, elles les font
produire. Elles réveillent leur génie,
leur industrie. Sous les Stuarts, l'agriculture fit de grands progrès en Angleterre ; il est vrai que l'exportation du
blé, permise par Élisabeth, l'avait en-
couragée : les disettes devinrent plus
rares. Le commerce acquit aussi de l'activité. Les atteintes à la liberté de conscience peuplant l'Amérique-nord de
sectaires tour à tour persécutés et per-

sécuteurs, de florissantes colonies s'établirent. Le quaker Pen fonda la Pensylvanie, et plaça dans ses lois la paix, la bienfaisance et la liberté. Les relations de la mère-patrie avec ces colonies étendirent le commerce maritime; la compagnie des Indes orientales, cette société de marchands qui règne aujourd'hui sur un empire, prit un accroissement notable : elle avait été fondée en 1600. La flotte anglaise, qui était de soixante-trois vaisseaux en 1660, en avait cent soixante-treize en 1688. Enfin les protestans, chassés par Louis XIV, apportèrent en Angleterre les procédés de l'industrie française alors si avancée.

Si nous passons à l'état moral, nous verrons le libertinage et l'indifférence religieuse succéder à l'austère fanatisme. Le goût littéraire des Français domina sous Charles II, comme si Louis XIV eût étendu son influence jusque là; et les compatriotes de Shakspeare, asservis un moment au joug de nos règles, perdirent quelque chose de leur originalité et de leur énergie. Aux noms mentionnés, ajoutons Otway, qui plaça la vie privée sur la scène tragique, et fit parler un langage simple et touchant à Melpomène; Dryden, ce poëte harmonieux qui chanta Cromwell et Charles II ; Temple, dont les écrits pleins de sens ont poli la prose anglaise; Locke, qui enseigna la philosophie expérimentale qu'avait conseillée Bacon, et qui expliqua la souveraineté nationale. Le génie anglais agrandit le domaine des sciences. Harvey découvrit la circulation du sang, que le parlement de Paris interdit long-temps par arrêt. Boyle et Wilkins fondèrent la société royale de Londres, à laquelle Charles II ne donna qu'un parchemin, et qui se consacra à la recherche des phénomènes et de leurs causes. Enfin ce fut dans ce temps que vécut Newton.

TROISIÈME PARTIE.

GOUVERNEMENT REPRÉSENTATIF.

*Convention. Établissement de la couronne.
Déclaration des droits.*

Cette époque est l'ère de la liberté
anglaise ; c'est de là que date le gouvernement représentatif tel qu'il existe aujourd'hui.

Le prince d'Orange, stathouder de 1688.
Hollande, Guillaume de Nassau, entra
à Londres le jour même que Jacques
en sortait.

Un parlement se rassembla : on l'appela *Convention*, parce que jusque là
le parlement devant être convoqué par
le roi, le cas était nouveau. On y déclara le trône vacant, malgré l'opposition des torys, et Jacques II, accusé
d'avoir violé le contrat originel entre le

roi et le peuple, fut regardé comme
ayant abdiqué par sa fuite. L'existence
du contrat national né fut reconnue
qu'à la majorité de sept voix.

Cependant il fallait occuper le trône.
Les uns demandaient un roi, d'autres
ne voulaient qu'un régent. Guillaume,
qui n'entendait pas avoir tenté son expédition pour rien, fit savoir que, sans
vouloir influencer le parlement dans le
choix du gouvernement, il n'accepte-
rait pas la régence, qui ne lui donnerait
qu'une autorité précaire et subordonnée
à la vie de la princesse son épouse. Celle-
ci l'appuya. Alors fut passé le bill qui
disposait de la couronne en faveur de
Guillaume et de Marie conjointement,
l'administration étant réservée au prince
seul.

À cette disposition fut annexée la déclaration des droits, dont voici la substance. Le roi ne peut suspendre les lois
ou leur exécution sans le concours du
parlement. Il n'érigera point de cour
ecclésiastique ou tout autre nouveau
tribunal. Tout impôt non accordé par
le parlement est illégal, ainsi que toute

armée levée sans son aveu. Les sujets ont le droit de présenter des pétitions au roi. Les protestans peuvent avoir des armes pour leur défense. Les élections doivent être libres, et les discours tenus dans le parlement sont justiciables de lui seul. Les jurés, en affaire de haute trahison, doivent être membres d'une corporation. Il est bon de tenir souvent les parlemens.

Peut-être le parlement eût-il resserré davantage la prérogative royale si Guillaume n'eût pas eu une armée. Toujours est-il que ce *bill des droits*, passé par le parlement seul, est un contrat libre entre la nation et la maison régnante. C'est la pièce principale de l'édifice de lois, actes, coutumes et antécédens, qu'on nomme *la constitution d'Angleterre.*

Guillaume III et Marie. Tentative de Jacques en Irlande. Guerre contre Louis XIV. Parlement triennal.

La convention prit le nom de parlement, le roi proclamé s'y étant rendu. On s'y préparait à diminuer les subsides

1689.

lorsqu'on apprit que Jacques, magnifi-
quement accueilli par Louis XIV, allait envahir l'Irlande avec l'aide de ce
prince. L'union, qui avait amené la révolution, devenait nécessaire, et déjà
la division commençait. Le roi né cal-
viniste, ami de la tolérance, voulait
l'établir pour toutes les sectes. Le clergé
et l'église anglicane s'y opposèrent vivement. Beaucoup d'évêques et de laïques refusèrent le serment. Ils imagi-
nèrent de distinguer le roi de droit et le
roi de fait : ils reconnurent seulement
devoir l'obéissance au dernier. Le primat refusa sa bénédiction. En vain Bur-
net et le fameux prédicateur Tillotson
secondèrent Guillaume dans son projet
de limiter le despotisme anglican. Ce
fut beaucoup d'obtenir l'exemption des
lois pénales moyennant quelques formes. Les catholiques furent également
traités avec douceur, ce qui ne les empêcha pas de travailler sourdement en
faveur de Jacques. Les partisans de celui-ci, qu'on appelait *Jacobites*, tenaient
encore en Écosse, où s'était aussi ras-
semblée une convention à laquelle Jac-

ques écrivit. Mais Gordon ayant capitulé dans Edimbourg, Guillaume et Marie y furent proclamés.

Cependant Tyrconel, zélé jacobite, soutenait sa cause en Irlande avec plus de succès. Jacques, débarqué à Dublin avec douze cents de ses partisans, fut reçu aux acclamations des prêtres et du peuple. Toute l'Irlande lui était soumise, sauf Londonderry, ville presque anglaise et protestante, qui lui ferma ses portes, et soutint avec une constance héroïque une famine horrible, et un siége opiniâtre. C'était le prédicateur Walker qui commandait la place. On y songeait déjà à manger les catholiques, lorsque Kirk, devenu général de Guillaume, arriva à temps pour faire lever le siége. Jacques y avait perdu neuf mille hommes. L'expérience ne l'avait point corrigé. Il arrivait avec des ressentimens peu propres à concilier les esprits, et il n'était pas assez fort pour modérer les vengeances de son parti. Le parlement irlandais dépouilla les protestans des biens des catholiques, dans la possession desquels ils avaient été

maintenus. Trois mille furent proscrits.
Guillaume dirigea des troupes en Irlande, et y passa bientôt lui-même.

1690. Louis XIV avait envoyé des renforts,
et Tourville avait battu une flotte anglo-
hollandaise. Jacques livra bataille sur
les bords de la Boyne, avec 40,000
hommes. Un boulet de canon rasa l'é-
paule de Guillaume, et l'on fit en France
des réjouissances indécentes sur le faux
bruit de sa mort. Il vainquit. Un corps
de protestans français réfugiés décida
la victoire. On leur criait pour les ani-
mer en leur montrant l'armée française :
Voilà vos persécuteurs. Jacques, qui s'é-
tait tenu à l'écart, retourna à Saint-
Germain vivre avec ses Jésuites : il s'é-
tait fait aggréger à leur ordre. Guillaume
prit Limerick, en personne, puis passa
dans les Pays-Bas pour résister aux gé-
1691. néraux de Louis XIV. L'Irlande entière
fut soumise, et douze mille Irlandais
émigrèrent en France.

La guerre contre Louis XIV était toujours allumée en Europe. Guillaume,
qui en faisait presque tous les frais,
demandait d'énormes levées d'hommes

et d'argent au parlement dont la majorité était gagnée. On murmurait de ce
que les ressources de l'Angleterre fussent dissipées pour soutenir des griefs
étrangers. On était jaloux de la prédilection du roi pour la Hollande. Les
presbytériens d'Écosse, qu'il avait d'a-
bord favorisés, devinrent exigeans et
séditieux. D'horribles massacres les pu- 1692.
nirent et les irritèrent. Alors Jacques
lança un nouveau manifeste avec les
plus belles promesses. Marie, qui gouvernait pendant que son époux était sur
le continent, opposa à son père une
juste et utile résistance. Les milices se
levèrent, et Russel, avec une flotte
anglo-hollandaise, vainquit Tourville à
la Hogue. Jacques vit ce désastre de la
côte d'où il devait s'embarquer, et ses
espérances furent renversées.

On parlait déjà à Londres de risquer
une invasion en France. On se contenta
de bombarder le Hâvre, Dieppe, Dunkerque et Calais; et l'on tenta de se
venger sur Saint-Malo, par une *machine
infernale*, des exploits des armateurs
français et de Duguay-Trouin. Alors

1693. Guillaume perdit Namur, et fut battu à
1694. Steinkerque et à Nerwinde. De retour
à Londres, il eut encore à lutter avec le
parlement ; pour obtenir les subsides,
il consentit au bill triennal, en vertu
duquel le parlement devait être convoqué au moins une fois en trois ans, et
ne devait durer que trois ans au plus. A
cette époque la reine mourut.

Règne de Guillaume après la mort de Marie. Acte de succession.

1695. La guerre continuait. Guillaume,
ayant repris Namur, fut accueilli en
triomphateur par les Anglais. Après
avoir accordé cinq millions sterling, le
parlement passa un acte fameux sur les
procès de haute trahison. Là remonte
cette belle procédure criminelle anglaise qui exige deux témoins, la publicité, la confrontation, accorde un
défenseur, et sert de modèle en Europe.

1696. La mort de Marie avait porté quelque atteinte à la stabilité du roi. Une
nouvelle conspiration jacobite fut découverte et punie par des supplices,

avec des formes qui dérogèrent à la
nouvelle législation. Dans le péril, les
deux chambres s'étaient associées so
lennellement pour le soutien du roi. Cependant trois membres s'étant opposés
à ce qu'on lui donnât dans l'acte le titre
de *légitime*, on se crut obligé de supprimer ce titre pour apaiser les scru-
pules. Mais par la paix de Riswick, Guil- 1697.
laume fut enfin reconnu de Louis XIV :
légitimité diplomatique due à une glorieuse résistance armée.

Les différends avec le parlement ne recommencèrent pas moins. Le roi voulait
une forte armée permanente, Louis XIV
ayant mis l'Europe sur ce pied. C'était
vouloir, comme récemment, faire de
l'Angleterre une puissance continentale.
Mais l'esprit de la nation anglaise s'y
opposait; elle sentait dès lors que l'un
des grands avantages de sa position in-
sulaire est de pouvoir se passer d'une
armée de terre, instrument ordinaire
de despotisme, tandis que la marine
n'est jamais à craindre pour la liberté.
On ne conserva que 10,000 soldats, et,
ce qui choqua bien plus le roi, on le

1699. força de renvoyer sa garde hollandaise. Les communes étendirent leur sévère examen sur beaucoup d'autres objets, accusèrent des ministres, et rétablirent l'ancienne compagnie des Indes, à laquelle le roi en avait substitué une autre, qui lui prêtait une grosse somme : elles

1701. portèrent un bill qui exclut du trône tout prince non anglican, et qui interdit à un prince étranger d'entreprendre aucune guerre dans l'intérêt de ses autres états, ou même de sortir des trois royaumes sans l'aveu du parlement. Ce bill défend l'entrée des chambres à tout étranger, ou à tout homme tenant un traitement du roi. On déclara ensuite que la duchesse de Hanóvre, petite-fille de Jacques Ier, arriverait au trône après la princesse Anne.

Dans ce temps le roi d'Espagne étant mort sans héritiers, la politique des cours d'Europe partageait ses états. Une nouvelle guerre s'allumait contre Louis XIV, qui acceptait le testament, et reconnaissait le fils de Jacques II, lequel venait

1702. de mourir. Le peuple anglais, indigné de cet outrage, accueillit avec transport

la harangue de Guillaume au parlement.
Elle était vraiment constitutionnelle; on
l'afficha dans toutes les maisons. On ne
voulait plus la guerre ; on la demanda
à grands cris. Un bill *d'attainder* fut
passé contre le prétendant Jacques III.
Guillaume allait partir, lorsqu'il mourut
d'une chute de cheval.

Ce roi fut indifférent aux lettres et aux
arts, froid, taciturne et maussade, uniquement livré à l'ambition. Une fois
seulement il songea à se rendre populaire, alla aux courses de chevaux, dîna
chez le lord-maire, et se laissa agréger
à la corporation des épiciers de Londres.
Presque toujours vaincu, il fut l'un des
plus grands hommes de guerre de son
temps. Sa politique fut aussi infatigable
que ses armes; il fut l'âme de toutes les
ligues qui finirent par épuiser la puissance de Louis XIV.

Ce fut au commencement de ce règne
que fut réglée la liste civile. Auparavant
les revenus de la couronne étaient indé-
terminés.

*La reine Anne. Marlborough. Guerre de
la succession. Réunion parlementaire de
l'Ecosse à l'Angleterre.*

1702.   L'acte de 1689 avait appelé au trône,
après Guillaume et Marie, à défaut de
descendans, Anne Stuart, sœur cadette
de celle-ci, et protestante comme elle.
Ce fut la religion enseignée par leur
mère à ces filles de Jacques II qui leur
fit donner la couronne à l'exclusion de
leur frère, élevé dans le catholicisme.
Anne, négligée et obscure sous le règne
précédent, se montra digne du trône.
J'ai le cœur tout anglais, dit-elle au
parlement; son mari, le prince de Danemarck, homme de mœurs paisibles,
ne fut que son premier sujet. Elle anima
les alliés contre Louis XIV; la guerre
fut encore déclarée. Marlborough, alors
en grande faveur, commanda l'armée
des Pays-Bas, qui n'étaient plus sous
le même sceptre, mais qui étaient toujours dans l'alliance. Suivons rapidement cette guerre.

D'un côté les succès de Marlborough
en Flandre, de l'autre l'attaque de Ca-

dix, le fort de Vigo enlevé. Bientôt les 1703.
armées de Louis XIV reprennent l'avantage sur tous les points. Une tempête
mémorable ravage les côtes d'Angleterre
et perd treize vaisseaux de guerre ; le
parlement vote 90,000 soldats et marins, tant la haine est animée contre
Louis XIV ! L'empereur allait succom- 1704.
ber. Marlborough entraîne l'armée hollandaise en Allemagne, et, joint à Eugène, il bat à Hochstet ou Bleinheim
l'armée franco-bavaroise. On lui décerne en Hollande et à Londres des
triomphes et des récompenses qu'on
n'accorde qu'aux rois dans les monarchies absolues. L'Angleterre a donné
deux fois cet exemple d'un enivrement,
peut-être excessif, de la victoire. Pendant ce temps, la guerre est allumée en
Espagne, où les Anglais surprennent
Gibraltar, la clef de la Méditerranée,
regardé auparavant comme imprenable.
Peterborough prend Barcelone et sou- 1705.
met la Catalogne. Mais arrêtons-nous ;
nous reprendrons le récit de cette lutte
longue et sanglante.

Pendant la guerre, les querelles parlementaires et les polémiques des partis, qui sont la vie du gouvernement représentatif, continuaient toujours. Les Torys, qui, même sous Guillaume, avaient eu quelquefois la majorité dans les communes, l'eurent encore alors et persécutèrent les Whigs non-conformistes. Des troubles se réveillèrent en Ecosse, où le républicain Fletcher et des membres du parlement s'opposaient au projet d'union des deux royaumes, comme destructeur de la liberté écossaise. Cependant il était réservé à la prudence d'Anne d'accomplir cette réunion tentée en vain sous Jacques Ier, Charles II et Guillaume, effectuée momentanément par la puissance républicaine entre les mains de Cromwell. Après avoir, en 1703, garanti aux Ecossais l'indépendance qu'ils réclamaient, sous le nom d'*acte de sûreté*, en 1704 on se crut assez fort pour incorporer l'Ecosse à l'Angleterre.

1706. Des commissaires des deux nations signèrent un traité en vertu duquel l'Ecosse, faisant partie de la Grande-Bretagne, jouirait des mêmes lois et priviléges. Seize pairs et quarante-cinq députés écossais entrèrent dans le parlement britannique, et le reste des pairs conserva ses titres et priviléges seulement. L'Angleterre paya à l'Ecosse une indemnité considérable.

Un acte si sage fut maudit des deux partis extrêmes. Le puritanisme, le jacobitisme et l'esprit national s'unirent contre lui. Les uns invoquèrent les anciens souvenirs, les autres s'insurgèrent et brûlèrent l'acte d'union. Mais l'influence de la cour prévalut. Les deux parlemens ratifièrent. De là date pour l'Ecosse le plus grand bienfait que pût recevoir un peuple encore à moitié barbare, la civilisation.

Suite de la guerre de la succession. Les Torys dominent. Disgrâce de Marlborough. Actes du parlement.

La guerre durait toujours. Marlborough vainquit Villeroi à Ramillies, et conquit la Flandre espagnole, pendant que les armes françaises étaient aussi malheureuses en Piémont. Mais Philippe V entra à Madrid. Berwick, fils naturel de Jacques II, et l'un des meil-

leurs généraux français, gagna sur les
Anglo-Portugais la bataille d'Almanza
Une flotte anglaise échoua dans une ten-
1708. tative sur Toulon. Louis XIV entreprit
une descente en Ecosse, qui fut conduite sans succès par Forbin. En Flandre, Vendôme et le duc de Bourgogne
laissèrent par leur désunion l'avantage à
Eugène et à Marlborough, qui les battirent à Oudenarde. Partout on versait le
sang. Louis, en danger d'une invasion
1709. facile, demanda la paix. On y mit l'avilissement pour condition; il fit un dernier effort, et toute la nation fut sur
pied. Villars laissa le champ de bataille
à Malplaquet, cette défaite-victoire où
la perte du vainqueur fut plus que dou-
1710. ble de la sienne. Louis subit de nouveaux affronts dans la personne de ses
envoyés; les alliés faisaient toujours des
progrès.

Cependant depuis un an Marlborough
avait perdu son crédit; sa femme n'était
plus en faveur. Son ambition, ses déprédations, ses violences, excitaient
les murmures. Les Torys le haïssaient
comme chef des Wigs; la reine se laissa

persuader de secouer le joug de ceux-ci ;
elle les chassa des hauts emplois et cassa
le parlement. Une nouvelle majorité de 1711.
Torys scruta, blâma la conduite de
Marlborough et des généraux Whigs.
Le peuple insulta son ancienne idole.
Dans ce temps l'empereur étant mort,
l'archiduc, que les alliés voulaient faire
roi d'Espagne, lui succédait. L'union
de deux puissantes couronnes sur une
même tête se trouvant contraire à l'intérêt de l'Angleterre, sa politique dut
changer. Le ministre Harley, comte
d'Oxford, voulut la paix. Le parlement,
le secondant, attaqua l'ancien ministère, et cria contre les dépenses. On
laissa encore Marlborough forcer les
lignes de Valenciennes ; mais on envoya Saint-John (lord Bolingbroke)
et le poète Prior, habile diplomate, négocier la paix, à laquelle les Whigs,
l'empereur et la Hollande s'opposèrent
de tous leurs moyens. Pour mieux réus- 1712.
sir, on ôta à Marlborough le commandement de l'armée ; il fut mis en accusation. Le fameux Eugène, qui passa en
Angleterre, fit de vains efforts pour em-

pêcher la paix. Philippe V ayant renoncé à la succession éventuelle à la couronne de France, Anne ordonna une suspension d'armes. Dunkerque fut livré en gage aux Anglais ; Villars vainquit les Impériaux à Denain, et après de fameuses conférences la paix fut signée à Utrecht. Louis abandonnait les Stuarts, reconnaissait la succession constitutionnelle de la maison de Hanovre, et cédait à l'Angleterre l'Acadie, Terre-Neuve et la baie d'Hudson. La reine mourut peu après cette paix, dans l'année où elle consentit à ce que la tête de son frère fût mise à prix.

Ce qu'il y a de plus remarquable dans l'histoire parlementaire de ce règne, c'est le procès d'un certain docteur Sacheverel, qui prêchait l'intolérance et l'obéissance passive. Ses sermons, dénoncés au parlement, soulevèrent ces questions délicates où la royauté est mise dans la balance avec le vœu des peuples. Les Whigs, alors en majorité, condamnèrent le docteur ; mais plus tard, sous le parlement tory, il fut réhabilité et comblé d'honneurs.

L'acte de naturalisation des protestans étrangers passa enfin en 1708, malgré les Torys. Un acte de 1711, passé malgré les Whigs, fixa à six cents livres sterling le revenu foncier des représentans de comté, et à la moitié celui des députés des bourgs. Un acte de 1712 décida que les pairs d'Ecosse, nommés pairs d'Angleterre depuis l'union, n'avaient pas droit de siéger. Ils protestèrent; l'Ecosse murmura. C'est en 1708 que l'ambassadeur de Moscovie fut emprisonné pour dettes sur la poursuite d'un marchand. Le czar Pierre exigeait qu'on punît de mort les audacieux créanciers; mais on ne trouva pas de loi qui les condamnât. Voilà comment le crédit existe dans un pays libre.

Le règne d'Anne fut glorieux; il justifie cette remarque, que, lorsqu'une femme est sur le trône, ce sont les hommes qui gouvernent, tandis que les femmes règnent souvent quand le trône est occupé par un roi. Anne n'eut point le grand caractère ni les grands talens de cette Elisabeth, qui régna bien réellement. Mais elle eut des qualités esti-

mables, et le peuple l'appela *la bonne
reine Anne.* C'est assez pour sa mémoire.

*Georges Ier. Accession de la maison de
Hanovre. Les Whigs dominent. Révolte de Marr. Septennalité. Guerres
continentales.*

1714.   Georges de Brunswick, électeur de
Hanovre, arrière-petit-fils de Jacques Ier,
fut proclamé par le parlement, conformément à l'acte de succession. Agé de
cinquante-quatre ans, il avait déjà une
réputation politique et militaire. Les jacobites furent atterrés; les Torys même
furent mécontens : Georges en effet s'appuya sur les Whigs, comme le parti le
plus national et le plus favorable à la
révolution. Mais quand un parti domine,
il devient oppresseur. La nouvelle
chambre des communes, remplie de
Whigs, mit en accusation les ministres
torys Oxford, le lord Bolingbroke, le
duc d'Ormond. Le premier fut acquitté
après avoir langui deux ans à la Tour;
les deux autres s'étaient échappés. Les
Torys, qui, dans cet état de choses, formaient l'opposition, gagnèrent la po-

pularité en contestant les impôts, en défendant les intérêts du pays. Les jacobites recherchaient leur connivence ; des troubles s'élevaient dans le royaume. Le prétendant avait encore publié un manifeste. Louis XIV, sur lequel il comptait, mourut ; et le régent, suivant une politique toute différente, s'alliait avec l'Angleterre. Le comte de Marr n'en proclama pas moins Jac- 1716. ques III en Ecosse, et dans le nord de l'Angleterre. Mais, vaincus à Dumblin, les révoltés furent bientôt soumis, et Jacques repassa la mer. Plusieurs supplices suivirent cette tentative. Ce fut alors qu'une femme sauva son mari en échangeant ses habits et restant en prison à sa place. Un tel trait devait se reproduire plus d'une fois.

Dans ces circonstances la cour, voulant s'assurer plus long-temps la majorité parlementaire, fit passer, après de vifs débats, un acte qui fixe la durée de la chambre élective à sept ans. Les Whigs, qui se prêtèrent à ce changement, l'ont blâmé quand ils sont redevenus opposition.

Le projet que forma Charles XII, ce grand aventurier roi, de détrôner Georges au moyen d'une expédition en Ecosse, ne doit pas nous arrêter, puisque la mort l'empêcha. Mais les intrigues d'Alberoni, qui voulait réunir la France et l'Espagne sous le sceptre de son maître, eurent quelque effet. L'em-

1717. pereur, la France, l'Angleterre et la Hollande formèrent la *quadruple alliance,* pour maintenir la paix d'Utrecht.

1718. L'amiral Byng, envoyé pour soutenir la médiation de Georges, battit la flotte espagnole avant la déclaration de guerre,

1719. près de la Sicile. Une tempête porta un nouveau coup à la marine d'Espagne, commandée par le réfugié d'Ormond, près de l'Ecosse, où il essaya une descente. La Sicile fut soumise, et l'échauffourrée européenne suscitée par Alberoni finit sans résultat.

1720. A la même époque où Law venait de déplacer si brusquement les fortunes en France, une compagnie dite de la mer du Sud offrit d'acquitter les dettes de l'Angleterre. Il paraît bien que l'expérience d'autrui ne sert pas plus aux peuples qu'aux individus. Tout le monde accourut donner son argent pour du papier; la fureur de l'agiotage s'empara de toutes les têtes, et ne se calma que lorsqu'on s'aperçut que la confiance était fondée sur des chimères. Le roi et le parlement s'appliquèrent à rétablir le crédit et à réparer les pertes de tant de malheureux. On les indemnisa en partie en confisquant les biens de la compagnie.

Le danger sert toujours de prétexte 1722. au pouvoir pour se fortifier. Aussi lorsqu'il n'y a pas de danger réel, a-t-on souvent exploité des dangers imaginaires. Non contente d'une nouvelle majorité parlementaire, la cour dénonça une prétendue conspiration, et suspendit pour un an l'*habeas corpus*, comme on l'avait fait lors des invasions jacobites. Le tory Atterbury, évêque de Rochester, fut condamné au bannissement. Le procès du chancelier Macclesfield, qui eut lieu plus tard, était bien mieux fondé. Il fut condamné à l'amende comme concussionnaire, et à la prison jusqu'à entier paiement. De pareils exemples ont lieu trop rarement.

17.

Georges avait toujours un pied dans son électorat de Hanovre, comme Guillaume dans la Hollande. Voilà pourquoi l'Angleterre s'est trouvée engagée quelquefois contre son intérêt dans les affaires du continent. Mais la royauté a toujours ménagé par là un prétexte de tenir une armée permanente. L'Espagne s'était alliée à l'empereur, qui venait d'établir à Ostende une compagnie des Indes-Orientales. Georges, qui avait contre lui des griefs touchant deux principautés d'Allemagne, se ligua avec la France, la Suède et la Prusse. Le commerce anglais, l'intérêt des protestans, furent les prétextes. La guerre fut décidée malgré l'opposition des pairs. Des 1727. subsides furent accordés, et la docilité du parlement alla jusqu'à en laisser l'emploi à la discrétion de la couronne. C'était se dessaisir d'un droit important. Tel fut le plus grand résultat de cette guerre, qui se réduisit au siége de Gibraltar par les Espagnols. On fit la paix; la compagnie d'Ostende fut suspendue et le roi mourut.

On peint Georges Ier comme un habile politique, mais on lui reproche d'avoir abusé de sa majorité parlementaire. Par elle il fit rétablir la loi martiale qui enlève aux magistrats civils la connaissance des délits militaires, contre l'esprit des lois anglaises.

Georges II. Walpole. Guerres navales et continentales. Edouard en Ecosse.

La maison de Brunswick paraissant bien solidement établie, les partis changèrent de position. Les Whigs, accoutumés sous le règne précédent à appuyer la couronne, devinrent en quelque sorte des Torys; ceux des Torys qui restaient peu favorables à la maison de Hanovre devinrent des espèces de Whigs, ou du moins ils se joignirent aux Whigs consciencieux qui formèrent l'opposition ou le *parti du pays* : les autres formèrent le parti de la cour.

Robert Walpole, qui avait travaillé efficacement sous Georges Ier au rétablissement du crédit, était à la tête des affaires ; l'influence qu'il avait sur le parlement le rendait presque absolu. Avant lui la vénalité des voix avait été

commune ; mais on ne l'avait pas impu-
demment affichée. Walpole se vantait
d'avoir dans sa bourse la majorité du
parlement et le tarif des consciences.
C'était traiter la nation avec le mépris
que méritaient d'indignes représentans.

1728. La corruption s'étendit aisément d'une
classe dans les autres. Le vol d'une
caisse de bienfaisance eut lieu : plusieurs
personnages de marque furent compromis, entre autres sept membres des
communes que le parlement exclut de
son sein, tant leur infamie était avérée!
Ceci donne une idée de la cupidité et
du brigandage qui régnaient alors.

Toutefois l'opposition ayant réussi à
rejeter une taxe (*excise*) sur le tabac, elle
tâcha d'obtenir la révocation de l'acte
septennal, mais elle échoua. Walpole
lui porta un nouveau coup en faisant
disgracier le prince de Galles, qui s'en
montrait le chaud partisan. Les Anglais
se vengeaient de l'opposition avec les
armes qui leur restaient : ils tradui-
saient Walpole sur la scène, et l'acca-
blaient de satires dans les journaux et
les pamphlets. Il fit passer un bill pour

soumettre les pièces de théâtre à la cen-
sure du lord chambellan.

Il s'éleva une contestation avec l'Es- 1739.
pagne. Walpole, qui craignait la guerre,
traita; mais l'Espagne ne remplit pas ses
engagemens, et l'amiral Vernon alla en
Amérique surprendre Porto-Cabello.
C'est alors qu'eut lieu la fameuse expé- 1740.
dition-voyage d'Anson, qui passa le dé-
troit de Magellan, alla troubler, pour
la première fois, les possessions espagnoles dans la mer du Sud, s'empara
d'un galion, et revint en Angleterre
chargé de butin, après avoir fait le
tour du monde à travers mille maux et
mille dangers. Pendant ce temps une
expédition anglaise très-formidable venait échouer devant Carthagène. Le mécontentement s'en prit à Walpole; la
haine nationale éclata contre lui. Cé- 1741.
dant à l'orage, il donna sa démission et
fut créé comte d'Oxford. Les historiens
le citent comme un grand homme d'é-
tat, cet homme qui faisait tout avec la
corruption : à quoi donc l'histoire est-
elle bonne?

La mort de l'empereur Charles VI

alluma dans ce temps en Europe une guerre à laquelle le nouveau ministère prit part, croyant réussir mieux que sur mer. Ainsi que la Hollande, le Piémont et la Russie, il embrassa la cause de Marie-Thérèse, attaquée par la Bavière, la France et le roi de Prusse.

1743. Stair vainquit les Français à Dettingen dans la troisième campagne. Pour faire diversion, le cabinet français essaya une invasion en Angleterre. Le prince Charles-Edouard, dit chevalier de Saint-

1744. George, fils du prétendant, qui vivait obscurément à Rome, fut appelé soudain et embarqué avec mystère. Mais la flotte fut battue par une tempête affreuse; et cette expédition, commandée par le fameux comte de Saxe, bâtard du roi de Pologne, n'aboutit à rien. La marine française, combinée avec celle d'Espagne, répara cet échec dans une rencontre avec la flotte anglaise; et l'année suivante les Français prirent leur revanche sur terre à la bataille sanglante et décisive de Fontenoy, gagnée sur le

1745. duc de Cumberland et les alliés.

Un événement que cette guerre en-

traîna faillit changer le sort de l'Angleterre. Edouard, ne s'étant pas rebuté,
forma le projet audacieux de descendre
en Ecosse avec ses propres moyens.
L'Irlandais Walsh, qui s'était livré au
commerce à Nantes, équipa à ses frais
une petite frégate sur laquelle monta le
prince; d'autres réfugiés aussi dévoués
l'y accompagnèrent. Un armateur de
Dunkerque y joignit un autre vaisseau
de guerre. Douze cents fusils et quarante mille francs étaient les seules ressources de cette expédition préparée en
silence. A peine débarqué, le prince fut
joint par trois cents Ecossais, bientôt
par quinze cents. Les détachemens anglais qu'il rencontra furent défaits. Sa
troupe grossit; il prit Perth et s'y fit
proclamer, pour son père, régent des
trois royaumes. Après d'autres succès,
il osa marcher sur Edimbourg; il y entra. Quatre mille Anglais s'y portèrent;
il alla à leur rencontre avec trois mille
montagnards, et les défit complète-
ment à Preston-Pans. Sa tête était mise
à prix; mais les rois de France et d'Es-

pagne, avertis de tout, lui envoyaient déjà des secours.

Cependant, au lieu de se porter en avant, il rentra dans Edimbourg dont le château tenait toujours. Mais aucun mouvement ne s'effectuant comme il s'y attendait, il pénétra sur le territoire anglais, où il se recruta de quelques hommes. Londres fut consterné ; déjà des troubles s'y manifestaient. Si le prince y eût marché droit, peut-être y fût-il entré ; il temporisa. Après avoir battu deux fois à Falkirk une armée régulière, double de la sienne, il perdit tout à Culloden. Blessé et entraîné dans une déroute précipitée, il ne put échapper que par prodige aux vainqueurs qui poursuivaient son armée en l'exterminant. Enfin, après mille périls, il regagna la France avec quelques amis. Le sang fut versé sur les échafauds, après l'avoir été sur les champs de bataille. Tel fut le fruit de cette tentative que nous appelons héroïque, conformément à nos préjugés sur la gloire. Mais la raison doit l'appeler autrement. Plusieurs milliers d'hommes ont été victimes de l'opinion d'un seul, que tout un royaume lui appartenait. N'eût-il pas mieux fait de se résigner à rester dans la classe privée, se bornant à rendre heureux ceux qui vivaient autour de lui ?

Guerres dans les colonies d'Amérique et des Indes. Guerre de Hanovre. Conquête du Canada.

L'empereur Charles de Bavière était mort : la guerre continuait toujours sans motifs et sans intérêt direct pour les combattans. Les Français faisaient de rapides progrès dans les Pays-Bas, 1747. et prenaient Madras dans les Indes. Mais Anson et Warren reprirent l'avantage 1748. sur mer. On fit la paix à Aix-la-Chapelle, tout rentra presque dans l'ordre antérieur, et la démolition des fortifications de Dunkerque, prescrite à Utrecht, fut enfin exigée et effectuée.

Cette paix fut courte ; les hostilités n'avaient pas été suspendues dans l'Amérique. Des différends s'élevèrent sur les confins de la Nouvelle - Écosse, colonie récemment fondée, sur laquelle les Français, plus anciennement établis, faisaient valoir des droits. Cette rivalité allumait des querelles dans d'autres parties de l'Amérique nord. Quatre expéditions dirigées par l'Angleterre sur divers points furent sans succès. Des vaisseaux français furent saisis ; il n'y avait point encore de déclaration de guerre : on se détermina

1756. à en faire une. La flotte française prit Minorque à la face de l'amiral Byng, qui consulta la prudence et les règles navales plus que l'exigence du moment. Les ministres, pour garder leurs places, le firent condamner avec le code militaire. Après un fameux procès, il fut exécuté à Porstmouth. Voltaire avait en vain intercédé pour lui avec l'autorité de la raison et du génie.

1757. On se battait dans l'Inde, où Chandernagor, établissement français très-florissant, tomba au pouvoir des Anglais. En Allemagne les Français attaquaient le Hanovre, que défendait le roi de Prusse contre la France, l'Autriche, la Suède, la Saxe et la Russie. Le duc de

Cumberland, défait à Hastembeck, s'engagea à congédier ses troupes auxiliaires. Les Anglais firent des tentatives infructueuses sur La Rochelle, puis sur Saint-Malo et Saint-Brieuc. En Amé- 1758. rique ils prirent Louisbourg et le fort Duquesne. Dans l'Inde ils luttèrent désavantageusement avec Lally ; au Sénégal ils troublèrent les possessions françaises. L'année suivante ils eurent de nouveaux succès au Canada, où la prise de Québec porta un coup décisif aux Français, qui perdirent aussi la Guadeloupe et quelques Antilles. Plus heureuse en Europe, la cour de France, voulant attaquer l'ennemi au cœur, prépara, sous les ordres du maréchal de Belle-Isle, une expédition formidable. Une descente devait avoir lieu ; mais les escadres réunies dans les divers ports furent battues par les Anglais et par les tempêtes avant de se joindre. Un débarquement effectué en Irlande fut rendu vain par une flotte anglaise : on tenta inutilement de reprendre Québec. Alors la supériorité de l'Angleterre sur toutes les mers devint incontestable.

L'essor que prit sa puissance maritime dans cette guerre rend le règne de Georges II une époque remarquable pour elle. Ce prince dont on loue les qualités politiques ne s'occupa pas plus des lettres et des arts que Guillaume III.

Georges III. Pitt, lord Chatham. Affaire de Wilkes. Emancipation des colonies anglaises d'Amérique.

L'autorité parlementaire s'établissait suivant le développement naturel du gouvernement représentatif. Dès lors les époques se distinguent bien moins par les règnes que par les ministères. Le roi change et le gouvernement reste le même. Le premier Pitt, qui, sous le règne précédent, avait dirigé la guerre si vigoureusement, était toujours à la tête des affaires. C'était un génie ardent et prompt qui unissait l'énergie de la passion à la prudence du jugement.

1760.   Le petit-fils de Georges II arriva au trône. Quoique la nation fût accablée par les charges de la guerre, on la continuait encore. Les Anglais prirent Pondichéry et Belle-Isle. La France proposa la paix ; mais on apprit qu'elle concluait secrètement avec l'Espagne le *pacte de famille*. Pitt s'opposa à la paix et fut obligé de se retirer du ministère. Son successeur suivit pourtant son plan. 1762. La guerre fut déclarée à l'Espagne ; mais elle dura peu. Par le traité de Paris, la 1763. France perdit l'Acadie, le Canada, la Dominique, Tabago, le Sénégal, et d'autres possessions importantes ; la Guadeloupe, la Martinique et Belle-Isle, lui furent rendues. Les deux parties se restituèrent leurs conquêtes dans les Indes. L'Angleterre se fit céder Minorque, la Floride et Pensacola. Cette paix fut tout à son avantage ; elle ne gagnait rien en Europe, mais sa prospérité commerciale devenait immense. Les capitalistes avaient rempli d'énormes emprunts pour les frais de la guerre : alors grossissait la fameuse dette. Elle montait déjà à 148,000,000 de livres sterling (1).

---

(1) La livre sterling vaut 25 francs 50 centimes de notre monnaie.

18.

Le lord Bute, qui avait remplacé le duc de Newcastle comme premier lord de la trésorerie, donna sa démission. Lord Grenville lui succéda. Sous ce ministère se prépara un événement d'une haute importance pour l'Angleterre et pour le monde entier.

Afin de diminuer le fardeau des dépenses, on voulut le faire supporter aux colonies en levant des taxes sur elles. Elles avaient des chartes de priviléges ; elles se taxaient et s'administraient au moyen d'assemblées provinciales. Des troubles se manifestèrent dans la province de Massachusets ; dans toutes on réclama contre les taxes arbitraires. Le parlement, n'écoutant rien, établit l'impôt du timbre. Les Bostoniens s'insurgèrent, démolirent les maisons des principaux fonctionnaires anglais, et décidèrent en assemblée générale qu'ils se passeraient de papier timbré. Dès correspondances s'établirent entre les provinces ; des clubs se formèrent ; ils élurent des députés qui s'assemblèrent à New-York. Ce fut le premier congrès américain.

Des commissaires envoyés à Londres pour faire les réclamations ne recevant pas de réponse, les Bostoniens résolurent de ne plus acheter de marchandises anglaises. Alors le parlement crut devoir révoquer l'acte du timbre, tout en parlant aux colonies comme un maître absolu. Il prescrivit le logement gratuit pour les troupes anglaises, et diverses taxes gênantes aussitôt révoquées, excepté celle du thé. A cette époque l'Angleterre elle-même était agitée par une affaire fameuse, qui causait un nouvel embarras au ministère. 1766.

Un membre du parlement, écrivain énergique et d'un caractère obstiné, Wilkes, avait été arrêté en 1763 comme auteur d'un journal qui censurait amèrement le roi et les ministres. Relâché en vertu de l'*habeas corpus*, jugé et acquitté, il se plaignit de la violation des droits du parlement faite en sa personne. Loin de prendre fait et cause pour lui, les communes firent brûler sa feuille. Blessé dans un duel avec un ex-ministre, il se retira en France, fut exclus de la chambre et mis hors la loi. Il revint 1767.

sous le ministère de Grafton, et fut élu
par le comté de Middlessex : on citait
d'autres exemples de proscrits élus au
parlement. S'étant présenté au banc du
roi pour purger sa contumace, il fut
condamné à deux ans de prison et à une
amende, aussitôt couverte par souscription; toutes ses dettes furent payées.
Quand le parlement s'assembla, le peuple voulut tirer Wilkes de prison pour
l'y conduire; mais la force armée fit
feu sur l'attroupement. Wilkes s'indigna de cette violence dans un pam-
phlet; ce fut un prétexte pour l'ex-
clure de nouveau. Réélu et exclu deux
fois encore, il ne lassait ni les électeurs
ni le ministère. Cependant celui-ci prit
le parti de faire admettre comme membre, par la majorité des communes (1),
le candidat qu'il opposa à Wilkes dans

---

(1) Par l'acte Grenville passé en 1770,
on décida que les élections seraient approu-
vées par un comité de treize membres tirés
au sort et engagés par serment. Elles furent
ainsi soustraites au despotisme de la majorité.

une quatrième élection, et qui n'avait
réuni que 296 voix, tandis que 1148
suffrages s'étaient portés sur le favori
populaire. Ce fut une atteinte aux libertés électorales. Des pétitions auda-
cieuses, des écrits véhémens, partirent
de tous côtés ; des citoyens de Middlessex refusèrent de payer l'impôt, mais
le jury les y força. Toujours est - il que
l'Angleterre doit à la résistance de Wilkes l'abolition des ordres généraux d'ar-
restation (*général warrants*). Son affaire
devint nationale : elle influa sur les
changemens de ministres, et l'on alla
jusqu'à lui attribuer l'insurrection américaine qu'approuvait une opposition
animée contre le ministère (1) et qui
puisait des forces dans les dissensions
de la métropole.

Pitt, créé lord Chatham, n'ayant 1771.
plus assez d'influence dans le ministère,
quitta le sceau privé, et North succéda

---

(1) C'est à cette époque que furent écrites
les fameuses lettres de Junius, qui renferment l'éloquent exposé des vrais principes
politiques.

à Grafton, comme premier lord de la trésorerie. Sous ce ministre despote, les affaires d'Amérique qui restaient toujours en suspens prirent un caractère plus grave. D'entières cargaisons 1773. de thé furent détruites par les Améri-1774. cains. Le ministère se vengea en interdisant le port de Boston et en supprimant sa douane. Le pouvoir exécutif fut enlevé aux colons, et mis entre les mains du gouverneur. Les accusés de Massachusets durent être jugés en Angleterre. On imposa au Canada un conseil suprême et les lois administratives françaises. De telles mesures ne firent qu'étendre l'insurrection. On jura de cesser tout commerce avec l'Angleterre tant que Boston n'obtiendrait pas justice. Un congrès général des treize états, assemblé à Philadelphie, dressa une pétition pour demander au roi paix, liberté, sûreté. En vain Chatham éleva dans la chambre des lords une voix éloquente contre la politique du ministère : celui - ci s'obstina et redoubla de rigueurs ; la majorité elle-même l'entraînait. Un colon descendant de Penn, qui avait l'influence d'un nom révéré et d'une vaste propriété, le sage Franck-lin, qui avait celle du civisme et du génie, lurent la pétition à la barre des communes. Les colonies, disaient-ils, ne demandaient qu'à renouer leurs anciens liens avec la métropole ; elles ne songeraient à l'indépendance et n'auraient recours aux alliances étrangères qu'autant qu'on refuserait droit à leurs griefs. Ils furent éconduits comme les envoyés de rebelles. Dès lors tout fut rompu.

Les Américains s'y attendant n'étaient pas restés inactifs. Ils avaient établi des moulins à poudre, des ateliers d'armes. Déjà même les hostilités étaient commencées. Les Anglais, ayant éprouvé un échec à Lexington, étaient investis dans Boston. Ticonderago et Crown-Poinct leur étaient enlevés, et ils avaient obtenu à Bunkeer's Hill, avec des renforts fraîchement arrivés, un léger avantage, acheté par une perte notable. La nouvelle de l'issue de la pétition anima encore les Américains. Le congrès de Philadelphie, qui avait pris le titre de *Représentans des colonies-unies de l'Amérique nord*, nomma général en chef Washington, député de Virginie, qui s'était distingué dans les premières hostilités. C'était un de ces citoyens vertueux à qui l'on refuse du génie, parce qu'ils ne sont point doués d'une funeste activité, ni dévorés du besoin de dominer les hommes, et qui méritent le nom de grands mieux que tant d'autres, puisqu'ils sont plus rares.

Un manifeste exposa que les Américains prenaient les armes pour défendre leur liberté, leurs propriétés, et qu'ils les déposeraient lorsqu'ils n'auraient plus rien à craindre de leurs agresseurs. Une seconde adresse au roi resta sans réponse. Le congrès voulut n'avoir omis aucune démarche, aucune précaution. Les Anglais au contraire ne craignirent pas de rendre leur cause odieuse par la violence. Ils entreprirent de bombarder les ports américains. Falmouth et Norfolk furent abîmés. Par ordre du parlement, le commerce fut rompu avec les colonies, et le pardon offert à ceux qui se soumettraient. L'Irlandais Montgomery, général américain, ayant risqué une expédition en Canada, avait échoué devant Québec, après quelques succès favorisés par les habitans. Washington, plus heureux, fit capituler le gouverneur anglais dans Boston. La guerre s'alluma sur la mer, où les Américains, usant de représailles, s'emparèrent des vaisseaux anglais. Les biens des colons émigrés et les créances de l'Angleterre furent confisqués au profit du nouvel état.

1776.

Enfin le congrès, ne ménageant plus rien, publia la fameuse déclaration d'indépendance. Là, pour la première fois, une nation calme et éclairée proclame, à la face du monde, que les hommes sont égaux; que la vie, la liberté, la recherche du bonheur sont leurs droits inaliénables; que les gouvernemens institués par les peuples, et pour l'utilité des peuples, peuvent être modifiés ou remplacés quand leur forme s'oppose à l'intérêt commun; que la prudence ordonne, il est vrai, de ne point changer pour des causes légères un gouvernement établi depuis long-temps; mais que l'histoire prouve que le genre humain n'est que trop disposé à souffrir, lorsqu'il pourrait, qu'il devrait même améliorer son sort.

Suivait une longue série de griefs contre l'Angleterre. Cet acte fut lu à l'armée et reçu avec enthousiasme. La statue du roi à New-York fut renversée et brisée : on la fondit pour couler des balles.

La France et l'Espagne prennent part à la guerre de l'indépendance. Chute du ministère de lord North. Fox. L'indépendance des Etats - Unis reconnue, Guerres et famine des Indes. Emeute à Londres.

Nous ne pouvons entrer dans le détail des événemens de cette guerre mémorable ; et d'ailleurs nous nous arrêtons peu aux guerres ; nous allons à leurs résultats. L'Angleterre avait réuni vingt mille Hessois et Hanovriens. Repoussés de Charles-Town, les Anglais s'étaient rendus maîtres de Rhode-Island, et leur général Howe était entré dans New-York. Ils avaient pour eux la supériorité du nombre, du matériel militaire, de la discipline. La cause des indépendans semblait perdue, si Washington n'eût tenté deux coups hardis qui lui réussirent, tout en évitant Howe avec une adresse qui lui valut le nom de Fabius Américain. Au nord, l'Anglais Burgoyne et son armée mirent bas les armes devant Arnold et Gates; 1777. Clinton évacua Philadelphie, où Howe était entré après avoir vaincu Washington à Brandy-Wine.

Cependant Franklin avait négocié 1778. l'alliance de la France, et cette vieille monarchie prenait parti pour une république naissante. Mais le but était de nuire à l'Angleterre. Le résultat fut d'affranchir des colonies qui proclamaient la souveraineté du peuple. Déjà le jeune Lafayette était venu servir en volontaire sous les drapeaux américains. D'autres officiers et ingénieurs l'avaient bientôt suivi. L'Angleterre offrit alors un accommodement, mais il n'était plus temps : le congrès y mit pour première condition la reconnaissance de l'indépendance. C'était refuser. Le combat naval d'Ouessant où la victoire fut indécise, la prise de Pondichéry et de Sainte-Lucie par les Anglais, celle de

1779. Saint-Vincent et de la Grenade par les Français, furent les premières hostilités entre les deux nations. Le cabinet espagnol, entraîné par celui de Versailles, prit part à cette guerre allumée dans les deux mondes. Les deux marines combinées bloquèrent Gibraltar et menacèrent l'Angleterre d'une invasion.

1780. Les Américains venaient d'essuyer deux défaites, lorsque le comte de Rochambeau débarqua avec un corps de Français. Ils furent accueillis en frères et demandèrent à servir sous les ordres de Washington. En même temps l'Angleterre rompait avec la Hollande, son alliée naturelle et politique, parce que le parti républicain hollandais fournissait des munitions aux indépendans. Le fameux amiral Rodney prit quatre vaisseaux de guerre espagnols en Europe, attaqua la flotte française aux Indes, et prit sur les Hollandais Saint-Eustache, où furent commises des déprédations affreuses. L'amiral français Lamothe-Piquet les réprima. Le combat du Doggerbank livré aux Hollandais fut sans résultat.

Cependant Washington était infatigable. Il avait eu à gémir de la trahison et de la désertion du général Arnold, dont l'amour-propre avait été blessé (1). L'Anglais Cornwallis obtenait de l'avantage dans le nord, où il agissait de concert avec ce traître. Washington, Rochambeau et Lafayette réussirent à investir Cornwallis, à l'aide d'une ruse de guerre, et il se rendit avec sept mille hommes. Ce succès donna une face nouvelle à la cause américaine.

La majorité ministérielle diminuait à mesure que la nation se lassait de la guerre. Si d'un côté Rodney avait remporté une victoire décisive sur le comte de Grasse, courtisan dont on avait fait un amiral, si, en incendiant les batteries

1782.

---

(1) Ce fut par suite de cette trahison que le major André, qui servait dans l'armée anglaise, fut condamné à mort et exécuté comme espion.

flottantes de l'ingénieur d'Arçon, on avait fait lever le blocus de Gibraltar par les Franco-Espagnols ; de l'autre, ceux-ci avaient enlevé Minorque et pris la Floride occidentale, et Suffren relevait dans l'Inde l'honneur du pavillon français. La dette accrue de près de deux milliards de francs, montait à plus de quatre. La banque seule, entretenant le mouvement des fonds, pouvait soutenir le crédit, puisque le gouvernement dépensait chaque année le triple du numéraire en circulation. Mais elle commençait à chanceler. On attaqua le ministère par ce côté ; on invoqua la mémoire du grand Chatham, qui avait condamné la guerre d'Amérique en entrant au tombeau. Un fils de lord Holland, Charles Fox, orateur fougueux, homme d'état qui joignait de vastes vues philanthropiques à une grande ambition, porta les coups les plus décisifs. Les communes votèrent une adresse au roi et un bill pour traiter avec le congrès. Lord North donna en plein parlement sa démission, en exposant sa conduite avec une éloquence hautaine. Le roi, suivant l'impulsion de la majorité, ne soutint point son conseil dans sa chute, et lui substitua les hommes qui le renversaient.

Fox entrait à vingt-cinq ans au ministère, où le marquis de Rockingham n'était que son prête-nom. A la mort de celui-ci, il se démit ainsi que ses amis. Ce fut alors que William Pitt, fils de Chatham, passa momentanément au ministère. Il avait vingt-quatre ans. Mais, ayant formé avec lord North cette coalition d'intérêts, qui étonna tant l'Angleterre, Fox rentra au conseil pour achever l'œuvre de la paix générale 1783. commencée par lui; et North, auteur opiniâtre de la guerre, fut obligé d'y concourir. Déjà les troupes anglaises étaient retirées de l'Amérique, et le roi était venu lui-même déclarer aux deux chambres qu'il traiterait avec le congrès comme avec une puissance libre. La *neutralité armée* des puissances du nord auxquelles l'Angleterre défendait de fournir à la France des bois de construction, fut un léger obstacle à la paix. Elle fut signée avec les Etats-Unis dont l'indépendance fut reconnue ; avec la Hollande, condamnée à baisser pavillon ; avec l'Espagne, qui se fit rendre Minorque et les Florides, et redemanda en vain Gibraltar ; avec la France comme avec une rivale redoutable ; en effet les conquêtes furent restituées de part et d'autre : seulement l'Angleterre prédomina dans l'Inde. Cependant les événemens d'occident m'ont obligé de différer le récit de ceux qui se passaient dans cette contrée ; je vais les rappeler.

Dès l'an 1757 il s'était élevé dans l'Inde une grande réputation militaire. Après avoir remporté des avantages sur les Français et les Indiens, dans une guerre d'extermination où les Européens se souillaient par des cruautés fréquentes sous le ciel des tropiques, Clive vainquit le vice-roi du Bengale et en plaça un autre sur le trône. La puissance anglaise s'accrut rapidement dans ce pays; mais l'avarice en abusa, et des extorsions de tout genre excitèrent, en 1766, un soulèvement général. Lord Clive, envoyé sur-le-champ, parvint à

faire rentrer dans l'obéissance les malheureux Indiens. En 1771 ils en recueil-
lirent le fruit. Non contens des fortunes
énormes qu'ils avaient amassées, les
employés de la compagnie accaparaient
la récolte du riz pour vendre la vie au
poids de l'or à leurs sujets. Dix millions de ces infortunés périrent dans
cette famine par spéculation. Cependant un soldat mogol, devenu prince
de Mysore, Hyder-Ali, s'était montré
l'ennemi implacable des Anglais. Il
avait accepté la paix; il recommença la
guerre, et uni aux Mahrattes, tribu bel-
liqueuse des Indes, il battit les troupes
anglaises. Maître du Carnatic, qu'il envahit, il mourut en laissant à son fils
Tippo-Saëb l'héritage de sa haine et de
ses talens militaires. Celui-ci remporta
une nouvelle victoire, et fit en 1783
une paix avantageuse.

Il faut placer dans cette période historique les troubles qui signalèrent à
Londres l'année 1780. Le parlement
avait passé un acte favorable aux catholiques. Les protestans s'agitèrent aussitôt en Angleterre et en Ecosse. Des

églises romaines, des maisons, des bibliothèques, furent démolies ou incendiées. Cinquante mille personnes, la plupart méthodistes (cette secte avait fait dès lors de grands progrès), prirent le titre d'*association de Londres*; et lord Gordon à leur tête présenta au parlement une pétition menaçante. Le parlement fut insulté, les prisons forcées, six cents personnes tuées. Le gouvernement, d'abord frappé de stupeur, osa enfin employer la force qui rétablit l'ordre. Gordon fut acquitté comme ayant été égaré par son zèle religieux.

L'insurrection américaine échauffait les esprits des Irlandais, qui rêvaient toujours l'indépendance. L'orateur Grattan se rendit l'organe de ce vœu national dans le parlement de Dublin. Fox apaisa l'effervescence en faisant passer l'acte qui accordait le pouvoir législatif au parlement irlandais. L'Irlande lui offrit une statue qu'il refusa. Peu avant, le peuple l'avait traîné en triomphe à Westminster. C'est ainsi que les pays libres récompensent les grands hommes. À la mort de Chatham, le parlement anglais avait décrété que la nation acquitterait ses dettes et donnerait un revenu à son fils.

Un acte de 1772 abolit le supplice barbare des accusés qui refusaient de se défendre.

Ministère de Guillaume Pitt. Rupture et guerre avec la France républicaine. Union parlementaire de l'Irlande à l'Angleterre. Résistance de Tippo-Saëb.

L'attention de Fox se porta d'abord sur l'Inde, où d'horribles abus faisaient exécrer le nom anglais, et pouvaient attirer de sanglantes représailles. Il porta un bill pour déférer les pouvoirs de la compagnie à sept directeurs qui ne pourraient être révoqués sans l'aveu du parlement. Mais le roi vit dans ce bill une atteinte à sa prérogative, et le fit rejeter par les pairs. Les communes persistant, le roi renvoya le ministère et appela le jeune Pitt. Celui-ci, ne 1784. pouvant maîtriser la majorité des communes, les fit dissoudre, et se procura une majorité par de nouvelles élections. Toutefois, en véritable homme d'état, il voulut réformer ce système électoral suranné dont la corruption lui avait été utile. On sait que les villes et les gros bourgs qui, dès l'origine, envoient des députés, sont la plupart devenus des villages, tandis que des hameaux sont devenus des villes populeuses. Ces villes ne sont pas représentées, par la raison qu'elles ne l'étaient pas autrefois; des comtés le sont à peine (1); et de petits bourgs entre les mains d'un seul propriétaire lui confèrent le droit d'envoyer plusieurs députés au parlement, ou de se nommer lui-même. Ce sont les *bourgs pourris*. Pitt essaya de rectifier cette

---

(1) On sera bien aise d'avoir ici un état du système électoral de l'Angleterre. Il s'en faut de beauconp que tous les membres des communes soient les représentans de la nation. D'abord 87 pairs d'Angleterre ont le droit d'envoyer 218 membres; 21 pairs d'Ecosse en nomment 31; 36 pairs d'Irlande en peuvent élire 51. L'élection de 137 membres est entre les mains de 90 propriétaires des bourgs pourris d'Angleterre; 14 propriétaires semblables en Ecosse sont titulaires de 14 nominations; 20 nominations sont ainsi inféodées

inégalité absurde , non pas en partant
du principe général du droit d'élection ,
mais en favorisant des transactions entre 1785.
les bourgs pourris et les villes non représentées. Il échoua. En effet il est
difficile qu'une majorité consente à détruire un abus en vertu duquel elle
existe. Pitt réussit mieux à faire adopter son plan d'amortissement annuel de
la dette publique.

A ce temps se rapporte un exemple
de ce système d'intervention si souvent
appliqué de nos jours. Ce fut la Hollande qui le subit. Le parti populaire ,
opprimé par la maison d'Orange , s'é-

à 19 propriétaires d'Irlande. Enfin la couronne comme propriétaire foncier nomme
elle-même 16 membres. Ainsi il ne reste aux
francs-tenanciers des comtés , aux universités
et à plusieurs villes , que 171 députés à élire
réellement , pour compléter les 658 membres
de la chambre basse. Qu'on s'étonne après
cela que tous les hommes de bonne foi dési-
rent en Angleterre la réforme parlementaire ,
sinon avec le suffrage universel , du moins
avec un système électoral qui procure la représentation réelle du pays.

tait lié secrètement avec le cabinet de Versailles. Une insurrection eut lieu, et l'épouse du stathouder, nièce du grand Frédéric, tomba entre les mains des 1787. mécontens. Vingt mille Prussiens envahirent la Hollande de concert avec l'Angleterre : des républicains furent proscrits, et les deux puissances, conjointement à la puissance réintégrée, déclarèrent le stathouderat héréditaire dans la maison d'Orange. Il l'était déjà de fait. C'était établir la royauté dans une république. La cour de France, qui devait soutenir les Hollandais, les avait abandonnés.

Un plus grave événement appelle notre attention. L'Angleterre était d'abord restée spectatrice du grand mouvement national qui s'opérait en France. Isolée par les mers, elle n'en craignait pas la secousse. Cependant son opposition embrassa la cause de la révolution française avec assez de chaleur pour déterminer le ministère à se prononcer contre elle, lorsqu'elle prit en 1793 un caractère si terrible. A la nouvelle de 1793. la mort de Louis XVI, l'ambassadeur

français, M. de Chauvelin, reçut l'ordre
de partir. La convention déclara aussitôt la guerre au roi d'Angleterre et
au stathouder. Ceux-ci, de leur côté,
accédèrent à la coalition de Pilnitz ; ils
commencèrent les hostilités. Le duc
d'York prit Condé et Valenciennes,
mais il fut repoussé à Dunkerque. Une
flotte anglo-espagnole (car l'Espagne
avait aussi déclaré la guerre à la France) se présenta devant Toulon ; l'amiral Hood se fit livrer ce port et la flotte
française qu'il incendia. Toulon fut bientôt repris par l'audace républicaine. Les
onze armées de la convention s'étaient
improvisées et avaient couru aux fron-
tières. Jourdan vainquit Cobourg à 1794.
Fleurus, où un régiment anglais fut
massacré sur le champ de bataille, en
exécution d'un décret qui défendait de
faire des prisonniers anglais. Mais l'Angleterre conservait toujours sa supériorité sur mer. Howe capturait une
flotte française presque entière; la Corse
était livrée, et la plupart des colonies
de la France étaient envahies. En 1796,

la Corse fut reprise par des lieutenans du général Bonaparte.

La guerre civile portait dans ce temps à la France des coups encore plus redoutables. Pitt avait favorisé l'envoi de secours en armes et en argent aux Vendéens. Un avantage obtenu sur l'amiral français Villaret - Joyeuse conduisit à une tentative plus importante. Alors l'insurrection vendéenne s'était portée en Bretagne. Quatre-vingt mille fusils, des canons, des équipemens étaient à bord d'une flotte anglaise; quinze mille recrues et émigrés français, rassemblés en Angleterre, et débarqués sans obstacle dans la baie de Quiberon, enlevèrent d'abord quelques positions; mais le génie militaire de Hoche triompha de leur courage, digne d'un plus noble théâtre que la guerre civile. Une capitulation ne les sauva pas du supplice qu'avait décrété la convention, et contre lequel Hoche protesta. Un corps de dix mille Anglais, qui devait agir de concert avec eux, resta inactif en Angleterre. L'accusation faite à l'amiral

Waren d'avoir, en s'éloignant de la côte, mitraillé les deux partis aux prises, et d'avoir rejeté dans la mer les émigrés qui venaient chercher sur son escadre un asile contre leurs vainqueurs, est trop odieuse pour être admise sans preuves, et il n'en existe pas de suffisantes. Il vaut mieux croire que l'artillerie anglaise, dirigée sur les républicains, atteignit aussi les émigrés, comme il arrive souvent dans une mêlée. L'active intrépidité de Hoche fit aussi échouer peu après une tentative du même genre faite sur Saint-Malo, qui devait être livré aux Anglais.

Dans les rencontres singulières la marine française luttait souvent avec avantage ; mais dans les combats elle cédait à la supériorité d'une manœuvre plus rapide et plus habile. Lord Bridport remporta une victoire navale près 1795. de Lorient. Cependant le roi Georges désirait la paix : le directoire, qui gouvernait la France, avait laissé entrevoir 1796. le même vœu. Le diplomate Malmesbury fut envoyé à Paris. Après sept mois de négociations, pendant lesquelles la république étendait sa puissance de toutes parts, il demanda pour condition la restitution de la Belgique et de la Hollande, que la France avait conquises. Il n'obtint rien, et dans un nouveau congrès tenu à Lille, les républicains congédièrent la vieille diplomatie européenne, sans observer beaucoup l'étiquette. La guerre fut continuée: l'Espagne, abandonnant la querelle de principes pour la querelle maritime, était devenue alliée de la France ; sir John Jervis battit la flotte espagnole près le cap Saint-Vincent. La Hollande aussi avait suivi la cause de la révolution; sa flotte fut défaite : elle perdit le cap de Bonne-Espérance et une partie de ses possessions dans les Indes.

1797.

Une insurrection dans la marine anglaise, causée par la rigueur de la discipline et de la *presse* (recrutement maritime indigne d'un pays libre), inspira de sérieuses craintes au ministère. Les équipages de vingt vaisseaux avaient nommé pour leur amiral le matelot Parker, dont l'éloquence naturelle avait excité la révolte. Sa tête fut mise à prix;

il fut livré et pendu à Londres. Le peuple se vengea en pendant Pitt en effigie. La fermentation qui régnait en Irlande fut plus grave. Les opprimés de ce pays, c'est-à-dire les catholiques, supportant toujours impatiemment le joug pesant de l'Angleterre, se prê-taient facilement aux projets des ennemis de cette puissance. Plusieurs comtés d'Irlande se mirent en pleine 1798 révolte; une expédition française dé-barqua sur leurs côtes pour les soutenir. Après une petite victoire, les Français et les Irlandais unis furent obligés de mettre bas les armes devant des forces supérieures. Cet événement engagea le parlement à hâter son incorporation avec celui d'Irlande, déjà essayée par Pitt. Après avoir éprouvé une vive op-position dans le parlement de Dublin, dont on gagna la majorité, ce plan im-populaire en Irlande fut exécuté en 1799. On décida que l'Irlande serait re-présentée au parlement britannique par trente-deux pairs et cent membres des communes. La session qui s'ouvrit avec le dix-neuvième siècle offrit cette union législative des trois royaumes. C'était encore un nouveau pas de la puissance anglaise.

Cependant la politique hardie du directoire avait osé la fameuse expédition d'Égypte, qui pouvait ouvrir à la France une route directe vers les Indes. Une flotte anglaise, conduite par le célèbre Nelson, atteignit à Aboukir la flotte française qui venait de débarquer l'armée de Bonaparte, lui prit neuf vaisseaux, et en coula trois; deux seuls échappèrent. Nelson revint ensuite prendre Malte, où les Français, qui l'avaient enlevé en passant, cédèrent après une vigoureuse résistance. Les armes anglaises furent moins heureuses en Hollande, où une flotte anglo-russe fit plusieurs débarquemens. Brune, à la tête des républicains français et hollandais, obtint une victoire complète sur l'inhabile duc d'York, qui finit par mettre bas les armes.

Pendant ce temps l'Inde était le théâtre d'une guerre sanglante. Le fameux Tippo-Saëb, qui avait envoyé des ambassadeurs à Louis XVI, déjà luttant avec la révolution, avait repris les armes seul en 1791. Assiégé dans sa capitale, Seringapatam, il avait fini, après une terrible défense, par accepter une paix humiliante. Allié de la république lors de l'expédition d'Egypte, il arma de toutes parts pour affranchir l'Inde de la puissance britannique. Mais après des efforts héroïques et des crimes atroces, il céda à la tactique et à la valeur anglaises, dirigées par le marquis Wellesley. Repoussant des propositions ignominieuses, et pouvant sauver sa vie, il préféra tomber percé de coups sur les ruines de sa forteresse. Ces guerres, qui avaient dévoré cent mille hommes, assurèrent la domination anglaise dans l'Inde. La compagnie démembra le Mysore, en prit la meilleure part, et distribua le reste à de petits princes tributaires. Cette société de marchands règne sur plus de soixante millions d'âmes. Encore si ses sujets étaient heureux! Mais l'exemple de l'Amérique est là.

L'Angleterre au dix-huitième siècle.

L'Angleterre, tantôt précédant, tantôt suivant la France, avait fait de grands progrès dans le cours du XVIII⁰ siècle. Le gouvernement représentatif et la liberté de la presse devaient puissamment seconder le penchant de la nation pour l'utile et le vrai. La patrie des Newton, des Locke, devait produire encore des philosophes et des savans. Les noms des Halley, des Derham, des Clarke, des Mead, des Herschel, des Priestley, sont européens. Jenner a sauvé le monde, par la vaccine, d'un fléau destructeur de la vie et de la beauté.

Le règne d'Anne est appelé le siècle d'Auguste de la littérature anglaise. Les beaux esprits vivaient à la cour dans l'intimité des grands. Alors le correct et spirituel Addisson, l'observateur Steele, dans leur *Spectateur*, répandaient les premiers en Europe la raison, la gaîté, l'instruction, sous la forme périodique. Le bizarre et malin

Swift imaginait de dire la vérité en men-
songes, et de montrer les objets à re-
bours; placé un moment avec les Torys
dans l'opposition, il enseignait cette
polémique piquante et fine qui éclaire
les partis sans les irriter. Pope faisait
parler la philosophie et le goût dans les
vers les plus purs. Le gracieux Prior,
le tragique Rowe, le descriptif Thomp-
son, le mélancolique Young, le sen-
sible Gray, le patriotique et populaire
Burns, le naïf Cowper, jetèrent un vif
éclat sur la poésie anglaise au XVIIIe
siècle. Johnson, Home, Lowth et Blair,
portèrent dans la littérature une criti-
que élevée et savante. Blackstone éclaira
le dédale des lois anglaises. Chatham,
Fox, Burke, illustrèrent la tribune ainsi
que ce fameux Shéridan, qui fut en
même temps le premier auteur comi-
que de son pays, car Congrève n'a-
vait point un but moral. Garrick, qui
fut poète aussi, et surtout grand ac-
teur, se trouve, par son tombeau à
Westminster, classé parmi les grands
hommes.

Le pays où Daniel de Foë a imaginé

Robinson est le pays des romans. Fielding peignit le mouvement de la vie humaine avec plus d'art et autant de gaîté que Lesage, mais après lui et après Cervantes. Richardson, qui étonna Diderot et qui inspira Rousseau, innova par la forme épistolaire qui prête à une peinture plus minutieuse des détails et au développement progressif d'une seule passion. Goldsmith, qui fut, ainsi que lord Lytleton et Smollet, un grand moraliste et un amusant *miscellanéiste*, fut aussi un poète sublime, un nouvelliste entraînant, un écrivain modèle de pureté, d'élégance et de concision. J'aurais trop à dire si je voulais citer tous les romanciers qui ont excellé dès lors en Angleterre.

Lord Bolingbroke, tory et opposant, se signala comme écrivain politique; comme philosophe il parut trop audacieux dans le pays de l'Europe où il y a le plus de croyance religieuse. Le sceptique écossais Hume, philosophe et historien, a mis de la clarté dans les annales de sa patrie, et s'est recommandé plus par de l'élégance que par des vues

supérieures et des tableaux animés. On
en peut dire autant de Gibbon , mais
non de Robertson , qui, ayant appris
comme eux, de Voltaire , à voir dans
l'histoire une grande peinture de l'état
politique et social des peuples , réussit
mieux à en tracer l'ensemble. Enfin
Sterne mit dans ses sermons une philosophie indulgente et aimable , et dans
ses écrits une affectation d'originalité,
un calcul de sensibilité, dont une foule
d'imitateurs se son temparés sans avoir
le charme de bonhomie ni l'esprit
délicat de leur modèle.

Passant de la littérature aux arts,
nous trouverons que l'Angleterre n'est
point à mépriser sous ce rapport. Inigo
Jones et Wren, auteur de Saint-Paul de
Londres , sont des architectes dont elle
peut se glorifier. N'oublions pas Kent,
l'inventeur de ces jardins délicieux qui,
n'imitant de la nature que ses accidens
et sa variété, empruntent toutes les ressources de l'art , excepté l'ordre et la
symétrie. L'académie des beaux-arts,
fondée en 1768, a aidé leurs progrès.
Une habile composition, une expression

romantique, si je puis dire ainsi, caractérisent la sculpture et la peinture anglaises. Les noms de Reynolds, Hogarth, Bacon, West, sont connus. La gravure en manière noire a produit d'admirables chefs-d'œuvre. L'Angleterre, peu musicale, a pu cependant inspirer le Saxon Handel, son musicien adoptif, avec ses mélodies nationales si fortement caractérisées (1).

Dans un pays où il existe une administration parlementaire et provinciale, des libertés municipales et judiciaires, l'esprit d'association et d'économie devait faire naître une foule d'institutions philanthropiques et d'inventions utiles. Dès Guillaume III il se forma des sociétés pour l'amélioration des mœurs et de la classe indigente. Arthur Young, fondateur de l'école d'agriculture, alla sur le continent examiner les divers procédés agricoles pour en enrichir sa patrie. Howard, l'ange consolateur des

(1) J'en publierai incessamment un choix avec paroles françaises et accompagnement de piano.

prisons et le concitoyen des malheureux de l'univers, vint aussi étudier en Europe les misères sociales pour enseigner à les soulager. Le fameux Cook, qui n'alla point découvrir de nouveaux peuples pour leur porter des fers et la foi ou la mort, mais pour les appeler aux bienfaits de la civilisation, en échangeant les produits de leur sol, est aussi un des ornemens de ce siècle. Ce fut en 1792 que Wilberforce, l'ami des noirs, fit, mais infructueusement, la première motion pour l'abolition de la traite. En 1800, le comte Rumford, celui qui songea à la nourriture du pauvre, fonda par souscription l'institution royale qui a servi de modèle à d'autres établissemens destinés à répandre les connaissances. Enfin, Bell et Lancaster, en inventant ou perfectionnant la méthode ingénieuse déjà appliquée en France par Paulet, ont multiplié les lecteurs comme l'imprimerie avait multiplié les livres, et ont ainsi complété ce puissant moyen et cette impérissable garantie de la civilisation.

Lutte entre l'Angleterre et Napoléon. Addington (lord Sidmouth). Second ministère de Pitt; puis de Fox. Ministère Portland. Blocus continental.

Cet empire des mers, qui dans l'antiquité avait passé de Tyr à Athènes, d'Athènes à Carthage, et puis s'était perdu avec le reste du monde dans l'empire de Rome; qui, au moyen âge, s'était retrouvé à Venise sortant des eaux, partagé avec Gênes, s'était transmis à Lisbonne, puis à Cadix, puis à Amsterdam, contesté pendant deux siècles entre la France et l'Angleterre, avait fini par appartenir à celle-ci sans partage. La France aspirait alors à l'empire continental. La vaste Russie était destinée à en hériter bientôt. Paul, qui la gouvernait, avait voulu l'affranchir du despotique *droit de visite*, que l'Angleterre exerçait sur les vaisseaux de toutes les nations, et il avait proclamé de nouveau la neutralité armée de sa mère l'illustre Catherine. Il y fit accéder la Suède, le Danemarck et la Prusse, et saisit dans ses ports les vaisseaux anglais. Parker et Nelson forcèrent le Sund et battirent la flotte danoise. La mort violente de Paul (1) fit changer la politique de la Russie alors si conforme à celle de la France. Alexandre, docile à l'Angleterre, se soumit à la visite en mer.

Bonaparte, premier consul, avait en vain proposé la paix. Il avait préparé une attaque contre le Portugal, alors l'allié ou plutôt la dépendance de l'Angleterre. Celle-ci semblait menacée d'un désastre par des forces rassemblées sur les côtes de la Manche ; mais les fameux bateaux plats étaient souvent incendiés. L'armée qui avait fait la conquête rapide de l'Egypte, détruite par le climat et les fatigues, la cédait chèrement aux Anglais, qui, unis aux Turcs, la reconquirent pour ceux-ci. Des deux côtés on était las de la guerre. Alors l'implacable Pitt et lord Grenville se retirèrent. Addington, qui entra au ministère, accéda au vœu de la paix, qui fut signée à

1802.

---

(1) Sans doute l'histoire lavera un jour le ministère anglais de l'odieuse accusation d'avoir trempé dans cet assassinat.

21.

Amiens entre la France, l'Espagne, la Hollande et l'Angleterre. Les colonies prises étaient rendues, excepté la Trinité et les possessions hollandaises de Ceylan. Le cap devenait un port neutre. La république des sept îles, sous la protection de la France, était reconnue. Malte était rendue à l'ordre de Saint-Jean. La maison d'Orange était indemnisée de la perte du stathouderat.

Cette paix devait peu durer. Bientôt on se plaignit de l'extension que la puissance française prenait en Italie, et de l'atteinte portée à l'indépendance de la Suisse. L'envoyé Whitworth parla à Bonaparte un langage qu'il ne voulut pas entendre. L'Angleterre retint Malte, envoya prendre le Cap, les îles, arma des corsaires, bloqua l'Elbe, le Wéser, la Seine et la Spezzia. La France envahit et rançonna le Hanovre, et retint prisonniers les Anglais alors sur le continent. La guerre s'allumant ainsi, Addington n'était plus le ministre qui convenait : il rendit la place à Pitt, et devint lord Sidmouth. Grenville s'unit à Fox et à l'opposition. Les forces britanniques

furent accrues. Pitt prépara contre le
nouvel empereur une ligue entre les
cours de l'Europe. La Prusse, les princes d'Allemagne et l'Espagne ne s'y joignirent pas. La Russie, l'Autriche et la
Suède armèrent de nouveau avec le secours de l'or anglais. La visite fut impo- 1805.
sée aux vaisseaux espagnols, et la guerre
fut déclarée par l'Espagne. Bientôt on
apprit la victoire navale de Trafalgar,
où lord Nelson, au prix de sa vie, anéan-
tit les marines française et espagnole.
Les honneurs funèbres rendus au vainqueur, les récompenses nationales don-
nées à sa famille, satisfirent également
ment la douleur et la joie des Anglais.
Mais la campagne dans laquelle Napoléon dompta l'Autriche et la Russie, et
supprima le titre d'empereur d'Allemagne, fit survivre la douleur à la joie,
chez Pitt surtout, qui y succomba. Cet 1806.
homme, qui avait aimé la liberté dans
sa jeunesse, l'avait quittée pour le pouvoir. Désintéressé pour lui-même, il
soutenait les rapines et les abus. Son
cœur sec et froid n'avait point d'enthousiasme ; son éloquence n'était que de

l'art ; son patriotisme était surtout de la haine pour la France.

Le peu de succès que le système de Pitt avait obtenu contre l'accroissement de la puissance française engagea le roi à prendre un ministère dans l'opposition. Lord Grenville, Fox, l'éloquent légiste Erskine, M. Grey, le composèrent. Une telle réunion de talens donnait à espérer ; mais Fox approchait du tombeau ; son génie s'éteignait avec ses forces. Cependant il jeta encore une lueur pour le bien de l'humanité. C'est à Fox qu'on doit l'abolition de la traite, qui est méritoire pour l'Angleterre, quoiqu'elle ait servi en même temps ses intérêts coloniaux. Mais les négociations pour la paix n'eurent pas le même succès. Fox mourait, et Napoléon voulait la guerre. La Prusse, qui l'avait laissé faire à Austerlitz, était poussée à bout ; et, pour se soustraire à son joug, elle se réconcilia avec l'Angleterre, dont elle avait récemment saisi les vaisseaux. Napoléon vint signer à Berlin le fameux décret, représaille du blocus continental déclaré par l'Angle-

terre. Toutes les marchandises anglaises furent aussitôt interdites, saisies
et brûlées partout où s'étendait le bras
impérial.

Les Calabrois s'insurgèrent contre le
nouveau roi de Naples, Joseph. L'Angleterre, qui s'était long-temps efforcée
de soutenir la maison de Bourbon sur
ce trône, et qui administrait la Sicile
à son profit au nom de Ferdinand IV,
fit alors une tentative qui n'eut pas de
résultat. Un coup également infruc-
tueux fut dirigé contre Buenos-Ayres,
qu'il fallut quitter après l'avoir pris. De
concert avec la Russie, une flotte an- 1807.
glaise força les Dardanelles, et détruisit
une escadre turque sans réussir davantage à détacher la Porte de son alliance
avec la France, qui était aussi l'alliée de
la Perse. On entreprit une nouvelle expédition contre l'Egypte, cette fois pour
l'enlever aux Turcs. On prit Alexandrie ;
mais on échoua contre Rosette. Pendant ce temps Napoléon soulevait la
Pologne, humiliait la Russie à Eylau
et à Friedland, envoyait Junot s'emparer du Portugal, dont la cour émi-

grait au Brésil, sous la protection de l'Angleterre, et dictant la paix à Tilsitt admettait la Russie à être la seconde puissance continentale; il condamnait la Prusse à n'être rien.

Ces événemens avaient diminué le crédit des ministres. Ils le perdirent tout-à-fait en proposant au roi l'admission des catholiques aux grades supérieurs dans la marine et l'armée. Déjà l'influence de Pitt n'avait pu vaincre la répugnance du roi à violer, disait-il, son serment de couronnement, et à s'écarter de l'esprit de l'accession protestante. Le ministère Portland fut formé. Le disert Perceval, lord Castlereagh, ancien agent de Pitt et signalé, dans les derniers troubles d'Irlande, comme un sanglant pacificateur, M. Canning, écrivain et orateur de l'école de Burke, en firent partie. La chambre des communes, quoique récente, fut réélue pour offrir une forte majorité ministérielle. Une *exertion* vigoureuse fut adoptée contre le Danemarck, qui, entraîné par le mouvement continental, était forcé d'entrer dans les

vues de Napoléon contre l'Angleterre.
Une flotte vint débarquer 30,000 hommes, qui marchèrent sur Copenhague.
Sur le refus du roi de Danemarck de
placer la sienne sous la garde de l'Angleterre, on bombarda Copenhague
pendant trois jours; la flotte danoise
fut livrée et amenée en triomphe dans
la Tamise.

*Détresse de l'Angleterre. Guerre d'Espa-
gne. Ministère de Perceval; des lords
Liverpool et Castlereagh. Le prince de
Galles régent. Napoléon vaincu par
l'Europe confédérée. Guerre avec les
États-Unis.*

Cependant l'Angleterre commençait
à sentir déjà que l'exclusion de l'Europe
lui était funeste. Son industrie et son
commerce dépérissaient faute de dé-
bouchés; on avait réduit ses ressources
en tirant une ligne entre elle et les con-
sommateurs; et son trident, repoussé
de toutes les côtes, n'était plus le sceptre du monde. Elle exigea des vaisseaux
européens le paiement d'un tribut pour
avoir le droit de parcourir les mers.

Napoléon déclara *dénationalisés* et saisissables ceux qui le paieraient. Il est vrai que tous les vaisseaux français bloqués dans les ports osaient à peine s'échapper, et lorsqu'ils y parvenaient ils ne tardaient guère à s'en repentir. Mais l'Autriche, la Prusse, la Russie elle-même, étaient d'accord avec la France pour prohiber le commerce anglais. La Suède ayant résisté, un corps français était allé jusqu'à Stralsund intimer l'ordre général; et Napoléon avait suscité contre elle le Danemarck et la Russie. Les marchands de Londres murmuraient contre la guerre. Si un tel système eût duré long-temps, l'Angleterre y succombait; mais c'est déjà un prodige de puissance qu'il ait pu exister quelques années.

Le ministère entrevit alors un nouvel espoir de briser le colosse européen. La péninsule lui offrit un point d'appui. 1808. Napoléon, jouant la cour d'Espagne (1),

---

(1) *Voyez*, pour tout ce qui concerne l'Espagne et le Portugal, les deux *Résumés* que vient d'écrire M. Rabbe.

et jusqu'à l'impatience de régner de l'un de ses princes, les avait arrêtés. Les habitans de Madrid, insurgés contre les Français et Murat, avaient été châtiés d'une manière sanglante. La résistance se préparait dans tout le royaume ; les habitans de Séville formaient une junte insurrectionnelle qui proclamait Ferdinand et déclarait la guerre aux Français. Un corps nombreux de ceux-ci, commandé par Dupont, venait de se rendre à Baylen. Valence, Sarragoce, avaient fermé leurs portes et se préparaient à une vigoureuse défense. L'occasion parut favorable. On envoya en Portugal dix mille Anglais commandés par sir Arthur Wellesley, homme d'un génie borné, mais doué d'un grand sang-froid. Il avait fait preuve de ses talens militaires aux Indes (1) dans les guerres contre les Mahrattes. Secondé par la population du Portugal, il le fit évacuer par les Français après une rude

------

(1) Les affaires des Indes seront exposées dans un Résumé de l'histoire de ce pays, par M. Ph. Chasles.

résistance et une honorable capitula-
1809. tion. Mais une autre armée anglaise ,
que commandait sir John Moore , fut
repoussée jusqu'à la Corogne et se rem-
barqua. Napoléon lui-même était entré
en Espagne ; il reprit Madrid pour y
faire des décrets.

Une diversion essayée alors par l'Autriche, qui voulut secouer le joug, ne
servit qu'à la faire humilier de nouveau
et à placer une archiduchesse dans le
lit de Napoléon. L'Angleterre avec
cinquante mille hommes entreprit une
diversion sur un autre point ; mais
elle n'aboutit qu'à détruire Flessingue,
inquiéter Anvers , et mettre la discorde
dans le ministère. Lord Castlereagh et
M. Canning (1) se retirèrent ; M. Perceval succéda au duc de Portland comme
premier lord de la trésorerie.

Il avait fallu dégarnir l'Espagne de

____

(1) C'est à cette occasion qu'eut lieu leur
duel. Ces duels parlementaires sont fréquens :
on avait bien déjà vu M. Pitt sortir de la
chambre des communes pour se battre avec
M. Tierney.

troupes françaises. Les Anglo-Espagnols reprirent de l'avantage sous Wellesley qui opéra leur jonction et livra à Joseph Napoléon la sanglante bataille de Talaveyra. Alors il fut créé pair avec le titre de Wellington. Pendant ce temps les flottes anglaises faisaient de nombreuses prises sur toutes les côtes. Une flottille russe fut du nombre ; la Martinique, la Guadeloupe, les îles de France et de Bourbon, Amboyne, Banda, tombèrent en leur pouvoir. Dans la campagne suivante les conquérans gagnèrent d'abord le dessus, envahirent l'Andalousie, assiégèrent Cadix. Masséna vainquit lord Wellington à Almeida, puis fut vaincu à Busaco, et abandonna enfin le Portugal, dont le maréchal Beresford avait discipliné les troupes. Graham défit le maréchal Victor à Barrosa. Soult livra à Beresford et Wellington la bataille d'Albuéra, dont les deux partis s'attribuèrent l'avantage, et Suchet vainquit Blake à Valence. Une tentative faite en 1810 par Murat, devenu roi de Naples, pour conquérir la Sicile, avait été repoussée par les Anglais.

En 1808 une révolution favorable aux vues de Napoléon avait déposé le roi de Suède pour lui substituer son oncle. Celui-ci adopta en 1810 le français Bernadotte, ancien général républicain, qui, se faisant aussitôt Suédois, refusa à Napoléon de lui fournir un contingent pour l'Espagne. L'Angleterre tourna de nouveau vers le nord un regard d'espérance. Il est vrai que le Danemarck conservait un juste ressentiment, et que la Hollande était convertie en départemens français; mais l'hostilité de la Russie n'était ni bien vive ni bien sincère. Tout fut mis en œuvre pour renouer et solder la coalition. La maladie mentale du roi qui, s'étant déjà manifestée en 1788, se déclara en 1811, ne ralentit en rien la marche du gouvernement. Le bill de régence fut renouvelé. Le prince de Galles, proclamé régent, fut investi de la prérogative royale; et, quoiqu'il eût dans sa jeunesse été lié avec les amis de Fox, il 1812. maintint le ministère, où lord Castlereagh rentra l'année suivante. M. Perceval ayant été assassiné par un négociant, lord Liverpool succéda à son influence.

Ce fut dans ces circonstances que l'empereur de Russie, abandonnant le système prohibitif, déclara la guerre à Napoléon. Il n'entre point dans ce plan d'en retracer les événemens. On sait qu'alors l'étoile du maître de l'Europe continentale commença de pâlir ; ses alliés, l'abandonnant successivement, finirent par occuper la capitale de la France que la république avait su conserver intacte ; et les couronnes qu'avait portées Charlemagne tombèrent du front d'un homme plus puissant que lui. Mais ne nous attachons qu'à la coopération de l'Angleterre dans ce grand événement.

Wellington, qui avait enfin pris Ciudad-Rodrigo et Badajoz, et remporté la victoire de Salamanque, entra à Madrid, puis en fut chassé et se retira sur le Portugal. Sir John Murray essuya aussi un échec. Mais les forces et le nombre des Français étaient épuisés par la résistance obstinée de tout le pays, autant que par la coopération des

alliés. Wellington, secondé par de nouveaux renforts, obtenait l'avantage à
1813. Vittoria, et franchissait les Pyrénées.
Malgré ces succès on désirait vivement
un accommodement. Déjà la misère
avait porté le peuple à s'insurger dans
quelques villes manufacturières de l'Angleterre. On traita en vain à Châtillon.
Les alliés du nord entrèrent à Paris. Un
1814 corps anglais qui avait débarqué dans
les Pays-Bas, ne servit qu'à assiéger
Berg-op-Zoom et fut repoussé avec
perte. Mais lord Wellington était appelé à Bordeaux par les royalistes. Ren-
contrant à Toulouse le reste d'armée
de Soult, et ignorant les événemens de
Paris, il gagna, avec des forces triples,
une de ces victoires où l'honneur est
aux vaincus. Lord Bentinck de son côté
avait fait un débarquement à Gênes
qu'il avait prise. Le puissant empire
français s'était écroulé de toutes parts.
La paix fut signée à Paris; les anciennes
dynasties furent replacées sur leurs trô-
nes, les places fortes qui restaient encore furent rendues avec leur artillerie
ou leurs vaisseaux, et l'Angleterre re-

cueillit enfin le fruit de ses efforts persé-
vérans pour affranchir l'Europe, comme
elle disait, c'est-à-dire pour humilier
la France. Celle-ci fut réduite aux li-
mites qu'elle avait avant sa révolution,
et recouvra la plupart de ses colonies.

La paix fut également signée avec le
Danemarck, que les alliés venaient de
dépouiller de la Norwége, pour le punir, et récompenser la Suède. Les Nor-
wégiens voulurent être indépendans
sous un prince Danois; mais l'Angleterre aida la Suède à les soumettre au
sort que les grandes puissances leur
avaient destiné.

Une guerre animée durait depuis 1811
entre l'Angleterre et les Etats-Unis qui
souffraient de l'interruption de leur
commerce avec la France. Ils avaient
ajouté à l'union la vaste Louisiane que
le Directoire français leur avait cédée
avantageusement; ils tentèrent encore
de conquérir le Canada. Les Anglais firent
entrer dans leur cause les hordes sauva-
ges qui, guerroyant à leur manière, com-
mirent d'affreuses atrocités. En 1814, les
Anglais incendièrent Washington, avec

ces redoutables fusées par lesquelles ils ont fait un si grand pas dans l'art de la destruction. Ainsi, d'un côté, les horreurs brutales de la barbarie ; de l'autre, les horreurs savantes de la civilisation désolaient ce pays. Enfin les deux parties, également fatiguées d'une guerre que la paix générale rendait sans but, signèrent le traité de Gand. La jeune Amérique avait montré que sa marine et ses milices ne redoutaient plus rien de la vieille Angleterre. Cette confiance a, dès lors, donné une nouvelle activité à son accroissement dont les résultats sont incalculables.

Réapparition de Napoléon sur le trône de France. Sa seconde chute et sa mort. La Sainte-Alliance et l'Angleterre.

Les rois échangeaient et se partageaient tranquillement les peuples auxquels ils s'applaudissaient d'avoir rendu le repos et l'indépendance ; les deux grands potentats du nord venaient se montrer en Angleterre pour y recueillir les louanges et y jouir des transports d'allégresse d'une nation qui les regar-

1815.

daît comme les libérateurs de l'Europe ;
les hommes qui entouraient les anciennes dynasties cherchaient peu à peu à
rétablir le passé ; lorsqu'on apprit que
Napoléon était remonté tout à coup sur
le trône de France. Le cas était prévu
par une convention des puissances al-
liées. Un congrès assemblé à Vienne,
discutait encore les indemnités. On ne
songea plus qu'à réprimer l'audace et
à repousser le danger. L'armée russe
était déjà rentrée dans son désert natal. Mais les Autrichiens et les Prussiens
étaient moins éloignés. Tous se mirent
en marche. Une armée anglaise occu-
pait encore les places du nouveau
royaume des Pays-Bas ; elle reçut aussitôt de puissans renforts. Les Prussiens
la joignirent. Napoléon, qui avait essayé en vain de gagner du temps en négociations, avait employé le peu qu'il en
avait à former une armée. Ne pouvant
conjurer l'orage, il marcha au devant, et,
n'attendant pas que les Russes rejoignis-
sent, il alla droit attaquer les Prussiens de
Blücher qu'il battit à Fleurus, lieu déjà
fameux. Il espérait enlever la Belgique

comme on l'avait fait autrefois ; mais il rencontra l'armée fraîche de Wellington, retranchée à Waterloo ; là les Français, épuisés par la victoire de la veille, éprouvèrent un de ces désastres dont la douleur est longue à s'effacer. Quelques défections, le désordre mis dans l'armée française, l'inaction d'un corps nombreux dont la coopération devait être décisive, ont pu contribuer à ce revers. Toutefois je m'abstiens d'un examen dans lequel j'aurais peine à m'exempter de cette partialité que le dépit national nous inspire à notre insu.

On ne rallie point une armée française à la débandade, surtout si elle était récemment organisée. Un prompt et facile découragement semble avoir été infligé aux peuples qui sont doués d'une irrésistible impétuosité, pour qu'ils ne demeurent pas les maîtres de la terre. Résignons-nous à ce juste arrêt de la nature. Le sang-froid britannique obtint cette fois un avantage décisif sur la fougue française. La déroute fut déplorable, la perte immense. Blücher poursuivit les fugitifs jusqu'à Paris, où ils se rallièrent enfin, et devinrent encore formidables. Mais une convention ouvrit la capitale aux alliés. Napoléon, qui avait été contraint à une seconde abdication, n'ayant pu réussir à s'embarquer pour l'Amérique, vint se livrer à Rochefort à bord d'un vaisseau anglais. Se fiant dans une générosité dont l'ostentation au moins s'est souvent manifestée, il avait préféré l'Angleterre à ses autres ennemis, et cru peut-être qu'il trouverait chez elle la sécurité garantie par les lois. Il fut bientôt détrompé. Relégué, pour la tranquillité du monde, sur un rocher au milieu de l'océan, il expia longuement les maux qu'il avait faits aux peuples, et il subit à son tour toutes les rigueurs du despotisme qu'il leur avait destiné. Mais les peuples ne se vengent pas : ils ont flétri de leur blâme les persécutions mesquines et les supplices ignobles par lesquels les agens anglais ont mis fin à la vie de cet homme fameux. Il était utile, pour l'exemple, que le plus grand ennemi qu'ait eu la liberté fût dégradé et rejeté dans la condition privée; là s'arrête la peine, au-delà est la cruauté.

La chute de Murat n'avait pas été moins prompte. Prévoyant que les hauts monarques auxquels il devait être odieux comme roi parvenu, et surtout l'empereur d'Autriche, dont il troublait par son voisinage les possessions en Italie, ne le toléreraient pas long-temps, il avait osé lever l'étendard de l'unité italienne, si puissant sur un peuple qui frémit (1) depuis des siècles d'être le patrimoine des étrangers. Il avait risqué une invasion aussitôt après le retour de Napoléon. Les soldats autrichiens eurent bientôt calmé l'effervescence napolitaine; secondés par les forces anglaises de Sicile, ils replacèrent facilement la branche des Bourbons d'Espagne sur le trône de Naples. Napoléon put voir dans le sort de son beau-frère le présage de celui qui le menaçait lui-même pour la seconde fois : il se trouva cruellement vengé de l'ingratitude de Murat, qui l'avait aussi abandonné en 1813.

---

(1) Servi siam, si, mà servi ognor frementi.
Alfieri.

Par un second traité de Paris, l'occupation de la France pendant cinq ans ayant été prescrite, l'armée anglaise laissa son contingent de garnison, qui fut retiré en 1818 ainsi que les autres.

Alors la politique continentale commença de prendre cette direction uniforme qui domine notre époque. Les trois grandes puissances du continent formèrent une alliance, dite sainte, contre la tendance des peuples à réclamer eux-mêmes la liberté municipale et représentative. Le régent d'Angleterre accéda, seulement, à ce traité secret qui ne pouvait être discuté publiquement, selon l'usage, dans les deux chambres. La nouvelle situation européenne se développa. D'abord les rois s'étaient fédérés contre l'ennemi commun, entre eux et avec leurs peuples auxquels ils avaient fait des promesses de liberté. L'ennemi renversé, les rois se fédèrent entre eux seulement, et même ils s'épurent. Les rois du second ordre sont éliminés. La suprématie continentale se reproduit sous un autre nom, sous une autre forme.

Toutes les industries éveillées par le blocus, croissent peu à peu; les prohibitions recommencent, ou, la consommation ayant pris d'autres habitudes, les demandes ne recommencent plus. L'Angleterre s'aperçoit que l'influence européenne lui échappe avec le monopole industriel. Cette puissance géant dont les confins atteignent les deux hémisphères, s'annonce déjà comme sa rivale et succède au patronage continental de Napoléon. Bientôt l'Angleterre à son tour est écartée indirectement de la haute alliance. Son rôle dès-lors est tracé : appuyer les réclamations des peuples et les aider à maintenir les libertés qu'ils ont gagnées. Mais l'épuisement de ses finances, ou plutôt la masse épouvantable de sa dette, l'empêchent de leur offrir d'autres secours que la voix de sa tribune et la publicité d'une presse libre. Elle verra peut-être ensuite les peuples d'Europe, ne comptant plus sur son appui, s'éloigner d'elle et bientôt s'en passer. Alors il ne lui restera plus que d'aller exploiter les besoins du nouveau monde en fraternisant avec lui.

Je termine ici ce croquis historique et politique, où j'ai tâché de trouver dans la brièveté ce que me refusait l'espace. Je suis loin de me flatter qu'il puisse suppléer à un vaste tableau qui manque et qu'on demande. Je sais qu'en général il y a peu d'éclat dans les choses utiles; on ne peut acquérir qu'une bien mince gloire littéraire avec des abrégés, lors même qu'ils ne ressembleraient point à ceux qu'on a faits jusqu'ici. Mais si j'étais sûr d'arriver à l'utile, je me résignerais volontiers en attendant mieux.

Tout le fruit que j'espère d'un travail ingrat et pénible, c'est qu'il inspirera le goût de lectures plus étendues sur le même sujet, à cette jeunesse qu'il ne m'appartient pas encore de vanter, mais que, par cette raison, j'aurais le droit de défendre. Elle dévore avidement l'histoire, parce qu'elle en comprend le sens, parce qu'elle en voit le but, qu'on dérobait à ses devanciers et qu'on voudrait peut-être lui dérober à elle-même. On lui apprenait encore il y a dix ans que le pouvoir est le but de la société, et la soumission le moyen. Aujourd'hui qu'elle cherche dans les livres, elle y trouve que le but de la société est le bien du plus grand nombre ; que l'état social tend à son perfectionnement, et qu'il en approche d'autant plus que plus d'intéressés prennent part à la gestion de leurs intérêts. Elle adhère fortement à la vérité de ces paroles d'un roi d'Angleterre qui renferment toute la pensée du gouvernement représentatif : *Il est juste que tous approuvent ce qui touche l'intérêt de tous.* Enfin elle sait de quels maux l'humanité peut accuser le despotisme, le mensonge, les factions, l'anarchie. Elle attend tout de l'expérience et de la raison.

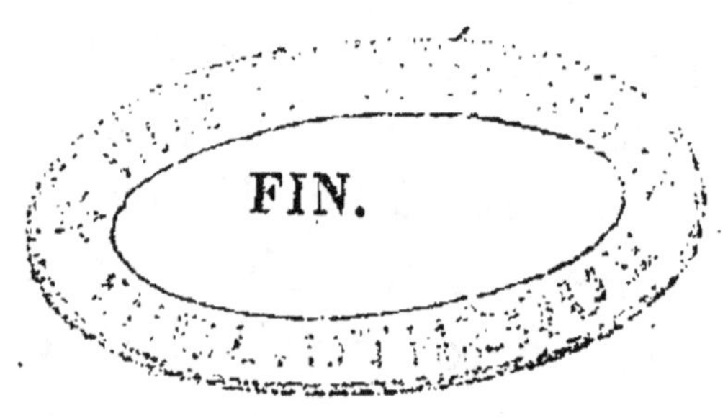

FIN.

Bodin, Félix
Résumé de l'histoire d'Angleterre